CONCEPTOS DE ACORDES PARA
GUITARRA DE JAZZ MODERNA

Dominio de voicings y sustituciones de acordes de jazz avanzados
para la guitarra contemporánea

TIM PETTINGALE

FUNDAMENTAL CHANGES

Conceptos De Acordes Para Guitarra De Jazz Moderna

Dominio de voicings y sustituciones de acordes de jazz avanzados para la guitarra contemporánea

ISBN 978-1-78933-250-6

Publicado por **www.fundamental-changes.com**

www.fundamental-changes.com

Más de 13.000 fans en Facebook: FundamentalChangesInGuitar

Instagram: **FundamentalChanges**

Para más de 350 lecciones gratuitas de guitarra con vídeos, visita

www.fundamental-changes.com

Contents

Introducción

Los guitarristas de jazz suelen estar obsesionados con los acordes. Si, como yo, llegaste al jazz desde el rock/blues, probablemente estarás familiarizado con la sensación de que el jazz abrió una puerta a un nuevo mundo de acordes complejos y sofisticados que nunca habías encontrado antes. Además de los 7 y 9 mayores, había acordes menores 7b5, dominantes alterados y mucho más.

A medida que te adentras en el jazz, te habrás encontrado con acordes más exóticos que contenían notas extendidas o alteradas y, posiblemente, te hayan desconcertado un poco. El jazz contemporáneo utiliza a menudo una armonía más compleja, por lo que las formas de acordes básicas que aprendimos al principio ya no sirven, y de repente tenemos que entender la armonía del jazz a un nivel más profundo. Ante algo como Cmaj13#11 en una tabla de acordes, es posible que te preguntes: *¿cómo puedo tocar ese acorde?* O, lo que es más importante, *¿dónde más puedo utilizarlo?*

Este libro tiene dos propósitos...

En primer lugar, si llevas un tiempo tocando jazz pero quieres conseguir un sonido más contemporáneo, aquí aprenderás todos los acordes extendidos/alterados esenciales de jazz moderno que necesitas conocer.

Exploraremos los acordes menores, mayores y dominantes que tienen notas extendidas y alteradas y veremos cómo funcionan en el contexto de algunos estándares del jazz conocidos. Estos acordes de gran riqueza sonora añadirán una nueva profundidad a tu forma de tocar y te diferenciarán de los músicos que recurren a las mismas formas de acordes rutinarias. También mejorarán tu vocabulario de acordes de una manera que te ayudará mucho a la hora de crear tus propios arreglos de melodías.

En segundo lugar, este libro enseña una forma más pianística de ver los voicings de los acordes.

Por lo general, aprendemos los acordes nuevos en forma de cuadrícula, pero memorizar los acordes de esta manera puede ser tanto una bendición como una maldición. Una de las ventajas es que es increíblemente fácil transponer los acordes a otras tonalidades. La desventaja es que tendemos a aprender/tocar los acordes siempre desde la nota fundamental, y rara vez conocemos las otras notas/intervalos del acorde. Aprender los acordes desde la fundamental está muy bien para muchas formas de música, pero en el jazz contemporáneo -con su énfasis en la sustitución y superposición de acordes- esto puede ser un factor limitante.

El piano tiene una disposición lineal continua de las notas, por lo que los acordes no tienen que estar anclados a una nota fundamental, sino que se extienden por el teclado y se puede acceder a ellos de múltiples maneras, con los intervalos apilados en un orden diferente. Si podemos romper con el enfoque centrado en la fundamental en la guitarra, y empezar a pensar en términos de notas e intervalos que se apilan de diferentes maneras, de repente el diapasón se abre y hay muchas más opciones a nuestro alcance. Te enseñaré un enfoque que puedes utilizar para "mapear" los acordes a través del diapasón que romperá las barreras armónicas y te dará más libertad creativa. No te asustes, seguiremos utilizando las diagramas de acordes conocidas para aprender nuevas formas, pero con el objetivo de poder *visualizar los* acordes en cualquier parte del mástil.

Al final de este libro, serás capaz de aplicar tus nuevos conocimientos para crear sofisticadas frases de acordes para usar cuando compongas, y tendrás las herramientas que necesitas para crear arreglos de guitarra de jazz con un sonido rico.

Nos esperan muchos sonidos nuevos, así que disfruta de tu viaje musical y empecemos.

Tim.

Capítulo uno - Maj7#11

El maj7#11 es un acorde hermoso y sofisticado que se ha utilizado mucho en el jazz moderno. Se conoce como acorde *lidio* y comparte las características de ese modo, siendo espacioso, ligeramente ambiguo y de sonido etéreo. Es tan frecuente en el jazz moderno que he tenido que dedicarle un capítulo entero.

El maj7#11 es el primer acorde que se produce al armonizar las notas del modo lidio. Para nuestro ejemplo utilizaremos Cmaj7#11.

El C lidio es el cuarto modo de la escala de G mayor y contiene las notas C D E F# G A B (una escala de G mayor que comienza y termina en C).

C	D	E	F#	G	A	B
I	II	iii	iv	V	Vi	vii

El acorde maj7#11 tiene la fórmula 1, 3, 5, 7, #11 por lo que Cmaj7#11 contiene las notas C, E, G, B y F#.

A continuación se muestran las formas de acordes que se enseñan más a menudo para el maj7#11, con las notas fundamentales situadas en las cuerdas bajas de E, A y D. Observa que he enumerado cinco notas en este acorde, pero las siguientes voicings utilizan sólo cuatro. No siempre tenemos que incluir todas las notas de un acorde para crear su sonido único y a menudo se omite la 5ª.

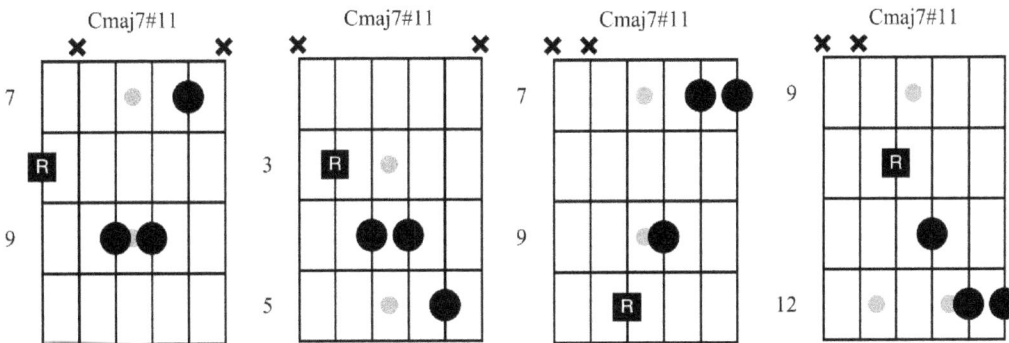

Escuchemos cómo suena cada uno de los voicings en el contexto de una progresión.

Ejemplo 1a

Ejemplo 1b

En este ejemplo, en el segundo compás, la forma maj7#11 se rompe con un voicing en cuartas de C mayor para contrastar.

Ejemplo 1c

Este ejemplo utiliza las dos formas de cuerda D al final para crear movimiento e interés.

Ejemplo 1d

Estas formas no son la única manera de tocar Cmaj7#11. De hecho, hay un principio importante que podemos utilizar para nuestras exploraciones de acordes:

Mientras un acorde contenga la nota *característica* (es decir, la 11 en este caso), y suficientes notas de apoyo para crear el *sonido* del acorde, no tenemos que incluir *todas* las demás notas del acorde para crear un voicing útil.

Todas las ideas de este libro se basan en este concepto.

Esto significa que podemos duplicar ciertos intervalos u omitir otros. No tenemos que incluir la nota fundamental en absoluto, porque el contexto del acorde en una *secuencia* determina cómo lo perciben nuestros oídos. Este enfoque nos da mucha más libertad para crear el *sonido* de Cmaj7#11 cuando se ve en el contexto de una progresión de acordes en lugar de un solo "evento". Nuestro principio básico es que nuestra elección de notas debe sonar bien en su *contexto*.

Por ejemplo, este voicing de Cmaj7#11 se construye (de grave a agudo) 5ª, fundamental, #11 y 7ª. La 3ª se omite. En el contexto, es un voicing encantador que describe perfectamente el sonido del acorde.

Ejemplo 1e

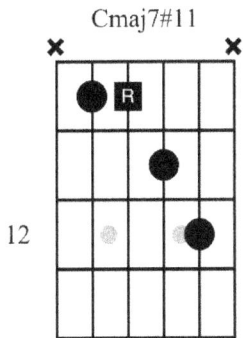

El enfoque de pensar en los acordes en términos de sus notas de carácter definitorio, en lugar de construirlos desde la nota fundamental hacia arriba, nos abre todo el diapasón. (Al final de esta sección encontrarás un mapa del diapasón del acorde maj7#11, que te ayudará a visualizarlo en todo el mástil).

Este enfoque es una forma más pianística de pensar en los voicings y en la disposición de las notas. Recuerda al pianista Bill Evans, pero expresado en la guitarra. Con esto en mente, vamos a explorar varias formas alternativas de expresar Cmaj7#11 y escuchar cómo funcionan en el contexto de una progresión. Cada una de estas formas capta la esencia del acorde, pero no está construida de forma tradicional y guitarrística.

El voicing de abajo se construye con 3ª, 5ª, fundamental, #11. El hecho de que no contenga la 7ª mayor hace que suene especialmente tenso, por lo que en este ejemplo se ha emparejado con un acorde Cadd9 para aportar una sensación de resolución.

Ejemplo 1f

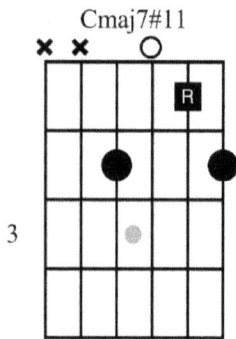

Cmaj7#11

| Dm9 | G11 | Cmaj7#11 | Cadd9 |

El siguiente voicing aprovecha una cuerda abierta disponible. También es muy inusual porque se construye (de grave a agudo): fundamental, #11, 7ª, 7ª, #11.

Ejemplo 1g

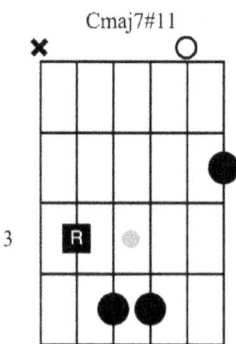

Cmaj7#11

| Dm | G6 | Cmaj7#11 | Em(add9) |

Esta vez el acorde tiene el voicing #11, fundamental, 3ª, 7ª y funciona bien en el contexto de una secuencia ii V I en C Mayor.

Ejemplo 1h

En el siguiente ejemplo, el Cmaj7#11 se reduce a lo esencial de su sonido y tiene el voicing 5ª (G), raíz (C), #11 (F#). Así es como puedes incorporarlo en una progresión de sonido moderno:

Ejemplo 1i

Aquí hay una forma de ajustar el acorde anterior para crear un ii V I que suene rico.

Ejemplo 1j

La siguiente idea utiliza una versión más completa de Cmaj7#11 realizada de forma más convencional, omitiendo la 5ª. Aquí tenemos la fundamental, la 3ª, la 7ª, la 3ª doblada y la #11.

Ejemplo 1k

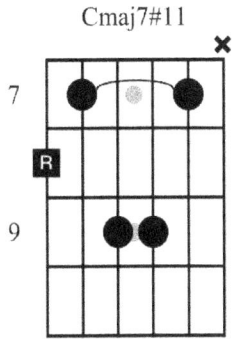

Cmaj7#11

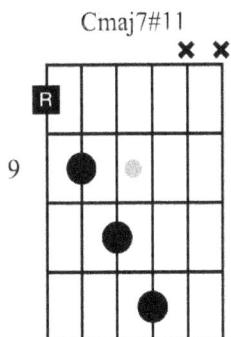

Cuando se profundiza en la visión de los voicings de los acordes, menos como digitaciones fijas y más como grupos de notas distribuidas por el mástil, empiezan a surgir algunas formas interesantes. Los ejemplos 1l y 1m utilizan patrones geométricos que caen fácilmente bajo los dedos.

El ejemplo 1l utiliza un Dm9 con la 5ª en el bajo, y un acorde de G mayor con la 3ª en el bajo, para caminar hasta el Cmaj7#11.

Ejemplo 1l

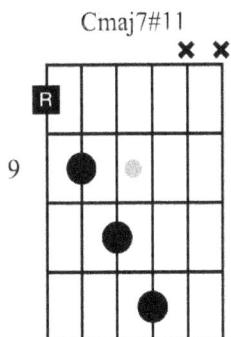

Cmaj7#11

Dm9 **G/B** **Cmaj7#11**

En el ejemplo 1m, mantén una forma de acorde Dm7 en quinta posición, pero deja sonar la cuerda E alta abierta para convertirla en un Dm9. En la última mitad del segundo compás, las formas de acordes disminuidos móviles proporcionan una conducción de voces *(voice leading)* que lleva a la nota superior del acorde Cmaj7#11.

Ejemplo 1m

Cmaj7#11

Dm9 **G(♭9)** **G7♭9** **C°** **Cmaj7#11**

let ring

Aquí hay un sonido más denso, con un voicing de Cmaj7#11 que utiliza la nota fundamental, la #11, la 7ª y la 3ª, utilizado en una progresión de ii V I.

Ejemplo 1n

Cmaj7#11

Dm11   G7#9   Cmaj7#11

Este es uno de mis voicings favoritos de Cmaj7#11, tocado en el contexto de un ii V I más involucrado.

Ejemplo 1o

Cmaj7#11

Dm9 Dm7 Dsus G13 G7#9(♭13) G9 G7♭9

Cmaj7#11 Cmaj7#11 Cmaj7#11

Por último, prueba este voicing de Cmaj7#11. En este ii V I, he utilizado algunos voicings no convencionales para los sonidos de Dm y G7, haciendo uso de las cuerdas abiertas. Deja que las cuerdas abiertas suenen hasta que toques el voicing cerrado de Cmaj7#11.

Ejemplo 1p

Cmaj7#11

Dm(add9) G13 Cmaj7#11

Merece la pena mencionar aquí dos estándares de jazz clásicos que se basan en gran medida en el sonido del acorde maj7#11: *Blue in Green* de Miles Davis y el inquietante *Time Remembered* de Bill Evans. Echa un vistazo a las grabaciones originales de estos temas y practica tus voicings de maj7#11 tocando con ellos.

Aplicación del acorde maj7#11 en los estándares de jazz

En el resto de este capítulo veremos algunas formas diferentes de incorporar el sonido maj7#11 a tu forma de tocar, incluso si el acorde no está escrito específicamente en la tabla de acordes. Algunos de los ejemplos aquí son ideas de sustitución, mientras que otros indican cómo utilizar el acorde con buen gusto en un contexto específico. Aunque estamos trabajando con el acorde maj7#11, muchas de estas ideas se aplicarán también a otras variaciones de acordes mayores. Cuando hayas tocado los ejemplos, te toca a ti explorar más este sonido.

Maj7#11 en lugar de un acorde mayor 7 (maj7)

Como se ha demostrado en muchos de los ejemplos anteriores, el uso más obvio del sonido maj7#11 es la sustitución de un acorde de mayor 7 normal. Pero antes de sustituir *cualquier* acorde de mayor 7 que ves en una tabla de acordes por un maj7#11 (especialmente cuando tocas en un contexto de banda), ¡una palabra de precaución!

Una cosa es utilizar este acorde mientras acompañamos durante un solo, y otra totalmente distinta es utilizarlo mientras se toca la melodía. Para utilizarlo debajo de la melodía, hay que tener discreción y saber hacia dónde va la melodía. Recuerda que este acorde contiene tanto la 5ª (una nota G en nuestro ejemplo) como la #11 (F#). Si la melodía del tema está destacando la 5ª de un acorde Cmaj7 (G), entonces elije un voicing para Cmaj7#11 que no tenga la F# situado en la parte superior.

Ahora vamos a tocar con los ejemplos...

Un lugar en el que el maj7#11 destaca es sustituyendo a un acorde mayor 7 en una progresión I ii iii ii. Esta secuencia aparece en muchas melodías, pero es una parte importante del clásico de John Coltrane *Moments Notice*. Esta parte del tema proporciona cierto alivio a los rápidos cambios de acordes que lo preceden y, francamente, es un poco de respiro para el solista. El tema está en Eb mayor y se trata de los últimos 8 compases:

|Eb6/9| Fm7| Gm7| Fm7|

| Eb6/9 Fm7 | Gm7 Fm7 | Eb | % |

En lugar de Eb6/9 podemos tocar aquí el Ebmaj7#11, que suena más oscuro. Los voicings utilizados a continuación no desentonan en absoluto con la melodía, por lo que también es seguro utilizarlos en ese contexto.

Ejemplo 1q

Otro lugar donde puedes utilizar esta sustitución es en el tema *Autumn Leaves*. En el compás cuatro, sustituye el Cmaj7 por Cmaj7#11. Si el voicing es como el de abajo, no hay conflicto con la melodía, y el movimiento de Cmaj7#11 a F#m7b5 crea una agradable cadencia.

Ejemplo 1r

Maj7#11 emparejado con un acorde mayor 9 (maj9)

Si un maj7#11 suena demasiado tenso por sí solo, puede utilizarse como *acompañante* de un acorde mayor 9. Por ejemplo, puedes tocar la secuencia que lleva al puente de *Georgia* como se indica a continuación. El maj7#11 añade un poco de tensión que se resuelve rápidamente, pero su presencia evita que la progresión suene rutinaria.

Ejemplo 1s

He aquí otra forma de tocar esta secuencia utilizando voicings de registro más alto. En los dos primeros compases, los acordes de 7 de dominante se han sustituido por b5 para crear una línea de bajo cromática descendente.

Ejemplo 1t

Maj7#11 antes de un acorde IVMaj7 en la misma tonalidad

En este concepto, el acorde de maj7#11 vuelve a sustituir a un acorde de mayor 7 normal, pero el contexto es diferente. Pasar de un acorde I Mayor 7#11 a un IV Mayor 7 es un uso encantador de este acorde. Apliquemos esta idea a los primeros compases del tema *Alice in Wonderland.*

Ejemplo 1u

Los primeros compases de *Skylark se* pueden tocar así para animar la armonía.

Ejemplo 1v

Maj7#11 como sustituto de un acorde V7

Kurt Rosenwinkel sustituye a veces un acorde V7 por un 7#11 mayor. Apliquemos esta idea a los primeros compases del tema *Body and Soul*. Los acordes originales son los siguientes:

| Ebm9 Bb7b9 | Ebm9 Ab13 | Dbmaj7 Gb7 | Fm7 E°7 |

En el compás dos vemos el comienzo de una secuencia ii V I en Db Mayor: Ebm9 - Ab7 - Dbmaj7. Podemos sustituir el acorde V7 (Ab7) por un maj7#11 *un paso entero por debajo* de la nota fundamental. Así que ahora, tocaremos Gbmaj7#11 en lugar de Ab7, y los dos compases centrales quedarán así:

| Ebm9 Gbmaj7#11 | Dbmaj7 Gb7 |

Así es como suena esta sustitución:

Ejemplo 1w

¿Por qué funciona esto? Como la mayoría de las ideas de sustitución de acordes en el jazz moderno, funciona sobre la base de notas comunes.

Gbmaj7#11 se construye: Gb (1), Bb (3), Db (5), F (7) y C (11)

Compara las notas de Ab13 y verás qué intervalos destaca el acorde maj7#11.

Ab13 = Ab (1), **C (3)**, Eb (5), **Gb (7)**, **Bb (9)**, **Db (11)**, F (13)

Gbmaj7#11 contiene los intervalos 3, 7, 9, 11 y 13 de Ab13.

Aquí hay otra forma de tocar esta progresión usando diferentes voicings.

Ejemplo 1x

Maj7#11 como sustituto de, o emparejado con, un acorde menor 9

Una situación en la que el maj7#11 realmente florece es como sustitución de un acorde menor 9. Piensa en esta sustitución en términos de tonalidades mayores/menores relativas. La tonalidad mayor relativa de C menor es Eb mayor. Cuando ves un acorde Cm9 escrito, puedes sustituirlo por un Ebmaj7#11. También suenan bien tocados uno tras otro. Toca el siguiente ejemplo para escuchar cómo suena.

Ejemplo 1y

¿Por qué funciona esto?

Ebmaj7#11 se construye: Eb (fundamental), G (3), Bb (5), D (7), A (#11).

Cm9 se construye: C (fundamental), Eb (b3), G (5), Bb (b7), D (9)

El acorde Ebmaj7#11 resalta la b3, 5, b7 y 9 de Cm9, por lo que contiene información armónica más que suficiente para crear el sonido del acorde en el contexto de la progresión. (Este ejemplo también utilizó el recurso del maj7#11 emparejado con un mayor 9 en el compás dos). Pruebe esta idea en cualquier ii V I mayor.

Maj7#11 para aproximación a un acorde I o IV desde un semitono arriba o abajo

Se puede aproximar cualquier acorde I cromáticamente desde arriba o desde abajo y aquí hay una forma de utilizar el maj7#11 para hacer precisamente eso. El ejemplo que sigue se basa en los primeros ocho compases de *All The Things You Are* y también incluye la idea de sustitución del "maj7#11 por el menor 9".

En el compás dos, Bbm9 se empareja con su relativo mayor, Dbmaj7#11. En el tercer compás, el acorde Amaj7#11 anticipa el Abmaj7 que le sigue, aproximándose a él desde un semitono por encima. Esto produce un sonido muy disonante, pero la tensión y la resolución ocurren muy rápidamente en este tema de alto tempo.

Después del acorde Abmaj7 en el compás 4, el acorde Cmaj7#11 se aproxima al Dbmaj7 desde un semitono más abajo. En los compases 7-8, donde los cambios originales tienen sólo Cmaj7, saltamos libremente entre voicings de C mayor y A menor, todos los cuales funcionan sobre la base de notas compartidas. Joe Pass solía "rellenar" un arreglo como éste cuando tocaba en solitario introduciendo acordes de aproximación cromática.

Ejemplo 1z

Fm11 · Bbm9 · Dbmaj7#11 · Eb9 · Amaj7#11 · Abmaj7 · Cmaj7#11

Dbmaj7 · Dm11 · G13 · Cmaj7 · Am9 · Cmaj7#11 · Cmaj9

Dominio de Maj7#11

Si repartimos las notas de Cmaj7#11 por el mástil (C, E, G, B, F#), podemos elaborar un "mapa del diapasón" (ilustrado a continuación). Cuando seas capaz de visualizar cómo se distribuye un acorde a lo largo del mástil, podrás empezar a distinguir los voicings de acordes que ya conoces, pero también a descubrir otros nuevos.

Dedica un tiempo a trabajar con el mapa de la siguiente manera:

- Identificar dónde se encuentran los voicings de acordes comunes

- Ver qué nuevas versiones del acorde puedes descubrir. Comienza con las notas que están conectadas a las formas comunes (es decir, acordes que *comparten una o más notas* con una forma común)

- Ahora busca algunas formas completamente nuevas para tocar dentro del mapa y trata de incluir la nota característica principal (en este caso, la #11, F#)

- Pon un bucle de batería o un metrónomo y practica tocando estas formas, utilizando el rango del mástil

- Haz un bucle de un acorde y toca las notas del mapa del diapasón sobre él para crear líneas melódicas y grabar el sonido del acorde en tus oídos

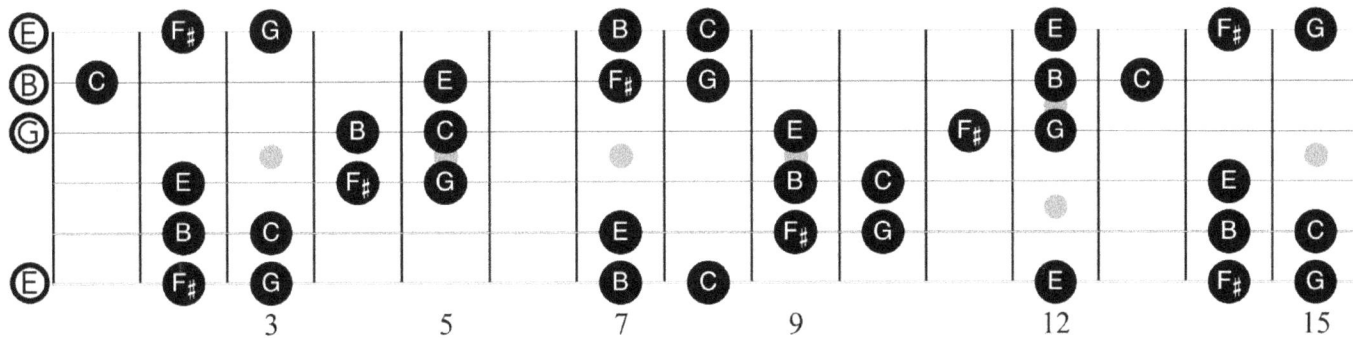

Siempre que encuentres una forma que te guste, anótala en una tabla de acordes y ponla en práctica inmediatamente utilizándola en una progresión. De este modo, lo aprenderás en contexto, en lugar de como una forma aislada. Diviértete y sé creativo explorando este concepto.

Capítulo 2 - Maj7b5 y Maj7#5

En este capítulo exploraremos dos acordes mayores de sonido más contemporáneo: el maj7b5 y el maj7#5. El acorde maj7b5 tiene un color más oscuro en su sonido, y el maj7#5 tiene el potencial de sonar angular y sin resolver, pero en el contexto de un enfoque de conducción de voces bien pensado, ambos acordes producen algunos maravillosos sonidos modernos.

Maj7b5

En primer lugar, analicemos el maj7b5 y aclaremos un error común.

El maj7b5 se confunde a menudo con el maj7#11, porque b5 y #11 son términos enarmónicos que describen la misma nota. Sin embargo, la fórmula de estos acordes es diferente:

El acorde maj7#11 tiene la fórmula 1, 3, 5, 7, #11. Cmaj7#11 contiene las notas C, E, G, B, F#.

El acorde maj7b5 tiene la fórmula 1, 3, b5, 7. No tiene la 5ª justa y Cmaj7b5 contiene las notas C, E, Gb, B.

¿De dónde viene el acorde maj7b5?

La respuesta puede variar según el contexto en el que se utilice el acorde, pero para evitar que nos enfrasquemos en la teoría, es más fácil pensar en este acorde en el contexto de la escala de C mayor.

Un Cmaj7 estándar se construye C (fundamental), E (3), G (5), B (7)

El acorde maj7b5 se construye bajando la 5ª un semitono, lo que da lugar a una nota cromática que no pertenece a la escala de C mayor.

La palabra "cromático" procede del griego *khrōmatikos*, que significa "perteneciente al color" o "apto para el color". El significado más amplio de la palabra raíz *khrōma* es "ornamentar" o "embellecer".

Así es como pienso en este acorde. Hemos tomado algo muy familiar y hemos utilizado el cromatismo para crear color y embellecimiento. Cuantos más colores tengamos a nuestra disposición, más podremos elevar nuestra forma de tocar de las opciones ordinarias y rutinarias.

Vamos a involucrarnos con el maj7b5 y a escucharlo en el contexto de algunas progresiones de acordes. Notarás inmediatamente su calidad oscura y malhumorada. En cada ejemplo, te daré una tabla de acordes y una explicación de la tonalidad del maj7b5 utilizada.

En el ejemplo 2a se utiliza un acorde Cmaj7b5 rico y completo. En el segundo compás, el acorde Db7b5 es una sustitución b5 de G7.

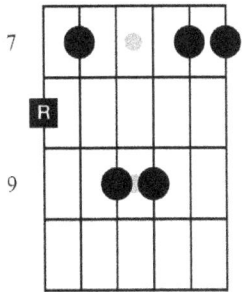

Cmaj7b5

Ejemplo 2a

Dm11 Db7b5 Cmaj7b5 A7b9b13

He aquí otra forma de añadir el color maj7b5 a una secuencia ii V I VI en C mayor. En este ejemplo, el acorde tiene el voicing de C (fundamental), Gb (b5), B (7), E (3).

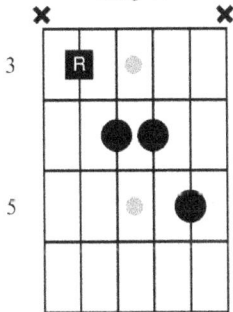

Cmaj7b5

Ejemplo 2b

El ejemplo 2c destaca el maj7b5 como parte de una progresión más rápida. En el segundo compás, en lugar de ir al esperado acorde G7, el acorde Dm9 se desplaza una tercera menor (tres trastes en la guitarra) a Fm9 - una idea común de sustitución de acordes bebop. En este caso, el acorde maj7b5 es C (fundamental), Gb (b5), B (7), E (3).

Ejemplo 2c

Recuerda que no tenemos que tocar los acordes con la nota fundamental como la nota más baja. En la mayoría de los entornos de jazz en los que interviene una guitarra (a menos que se trate de un solo o un dúo) suele haber un bajista o un pianista que cubre la parte inferior de la armonía. Esto da al guitarrista de jazz mucha más libertad a la hora de acompañar *(comping)*. En el ejemplo 2d, el acorde Cmaj7b5 se toca con el b5 en el bajo: Gb (b5), C (fundamental), E (3), B (7).

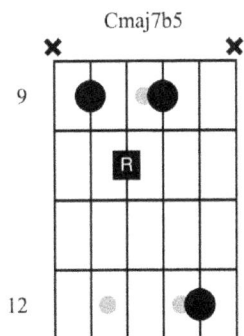

Cmaj7b5

Ejemplo 2d

Dm9   G9   Cmaj7b5   Ab7#9   A7#9

Los tres voicings siguientes aprovechan los tonos de los acordes en las cuerdas al aire. En el ejemplo 2e, el acorde está dispuesto como fundamental, 3, 7. La 7 se dobla en la cuerda abierta de B, y la b5 se coloca encima.

Este acorde puede ser un poco difícil de digitar. Desde su raíz en la cuerda de A hasta la cuerda de E aguda, utilizo los dedos 3, 2, 4 y 1 respectivamente. Digita el acorde colocando tu tercer dedo en la raíz primero y el resto debería caer en su lugar.

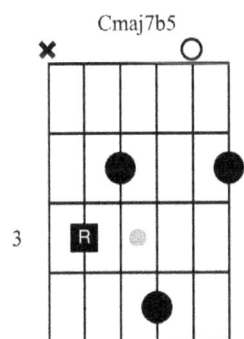

Cmaj7b5

Ejemplo 2e

En esta versión, la nota de B (cuerda de G, cuarto traste) y la nota de C (cuerda de B, primer traste) están a sólo un semitono de distancia, por lo que podrían producir una fuerte disonancia, pero ésta desaparece cuando se añaden las otras notas. Con la 3 situada en la cuerda E aguda abierta, el acorde tiene un bonito timbre.

Ejemplo 2f

Esta es una versión fácil de tocar pero efectiva de Cmaj7b5 utilizando dos cuerdas abiertas para incluir la 7ª en la cuerda abierta de B y la 3ª en la cuerda abierta de E. Tiene una gran calidad de resonancia.

Ejemplo 2g

Aplicación del acorde Maj7b5 en los estándares de jazz

Ahora vamos a ver algunas formas diferentes de integrar el sonido maj7b5 en tu forma de tocar. Destacaré las nuevas ideas de sustitución a medida que avancemos. Los ejemplos anteriores ya han demostrado cómo se puede utilizar el maj7b5 en lugar de un acorde mayor 7 normal. Aquí hay algunos ejemplos de cómo aplicarlo en el contexto de algunos estándares de jazz. Este primer ejemplo utiliza dos voicings de Gmaj7b5 en los ocho primeros compases de *Embraceable You*.

Ejemplo 2h

El siguiente ejemplo muestra cómo los primeros cinco compases de *Body and Soul* se pueden arreglar para incluir el maj7b5 y producir un sonido más ambiental. A partir del segundo compás, observe que los acordes están dispuestos para producir una línea de bajo cromática descendente. Los últimos cuatro acordes tienen la 5ª en el bajo para adaptarse a esta idea.

Ejemplo 2i

El ejemplo 2j se basa en los primeros compases de *The Days of Wine and Roses*. Aunque aquí no tocamos la melodía, los voicings están perfectamente posicionados para tocarla como parte de un arreglo acorde-melodía, si lo deseas.

Ejemplo 2j

Aquí están los primeros compases del gran tema *Desafinado* de Antonio Carlos Jobim. En el segundo compás, el acorde Fmaj7b5 aprovecha la cuerda abierta de E aguda (el acorde está organizado como fundamental, b5, fundamental, 3, 7). En los compases 3-4 de la tabla de acordes original del tema, se indica un G7b5, pero un G7#11 funciona igualmente bien.

Ejemplo 2k

Fmaj9   Fmaj7♭5   G7#11   G7#11   Gm7

Al igual que el acorde maj7#11, el uso del maj7b5 como acorde I se resuelve agradablemente en un acorde IVmaj7 en la misma tonalidad. Aquí hay un ejemplo sencillo de cómo suena esto. Puedes aplicar estas ideas a cualquier ii V I en un estándar de jazz.

Ejemplo 2l

Dm9   G11   Cmaj7♭5   Fmaj7

Los siguientes cuatro ejemplos colocan el Cmaj7b5 como acorde I antes de un acorde IVmaj7 en la misma tonalidad. Puedes aplicar estas ideas a cualquier estándar de jazz que utilice esta secuencia (como *Autumn Leaves*).

Este primer ejemplo utiliza un sonido abierto de Cmaj7b5 con la b5 (Gb) en el bajo, y la fundamental, la 3ª y la 7ª apiladas en la parte superior. La transición a Fmaj7 funciona sin problemas, ya que las notas de las cuerdas de G y B no se mueven.

Ejemplo 2m

Dm11   G13   Cmaj7♭5   Fmaj7

Aquí hay otra forma de tocar Cmaj7b5 que aprovecha la cuerda abierta. El acorde se toca, de grave a agudo, 3, b5, fundamental, 7, y la 3 se repite una octava más arriba. Esta vez la nota de bajo (E) quiere resolver un semitono a la nota fundamental del acorde Fmaj9.

Ejemplo 2n

El enfoque de la conducción de voces *(voice leading)* del ejemplo 2o mantiene una nota E en la cuerda E alta, 12º traste, a lo largo de los tres primeros compases. Como resultado, el Cmaj7b5 se encuentra cómodamente en la progresión.

Ejemplo 2o

Aquí hay un ejemplo más complejo que utiliza dos voicings de Cmaj7b5. El segundo voicing, en el tercer compás, tiene el b5 en el bajo y se resuelve con un semitono más bajo hasta Fmaj9.

Ejemplo 2p

Sustitución del maj7b5 por un relativo menor 6 / menor 9

El acorde maj7b5 puede actuar como sustituto de un acorde menor relativo. Por ejemplo, podemos tocar Cmaj7b5 en lugar de A menor. Esta idea funciona sobre la base de notas comunes. Compara estas estructuras de acordes:

Cmaj7b5 = = C (fundamental), E (3), Gb (b5), B (7)

Am6/9 = A (fundamental), C (b3), E (5), Gb (6), B (9)

Si omitimos la nota fundamental del acorde Am6/9, entonces Cmaj7b5 resalta sus intervalos de b3, 5, 6 y 9, lo que lo convierte en un sustituto eficaz.

Escuchemos cómo suena esta idea sustituyendo el acorde de A menor por Cmaj7b5 en el compás uno de la siguiente progresión ii V I. El maj7b5 adereza lo que podría ser una secuencia de sonido muy rutinario.

Ejemplo 2q

Aquí hay tres formas más de expresar esta secuencia.

Ejemplo 2r

Ejemplo 2s

Ejemplo 2t

Sustitución de un acorde m7b5 por un maj7b5

Cuando se trata de posibilidades de sustitución de acordes, el maj7b5 resulta ser toda una navaja suiza. Cmaj7b5 comparte cuatro notas en común con F#m11b5: F#/Gb (fundamental), E (b7), C (b5) y B (11). Aparte de la 3ª que falta, hay suficiente información armónica para que Cmaj7b5 se utilice como un eficaz sustituto de un acorde F#m7b5 en una secuencia menor ii V i (por ejemplo, F#m7b5 - B7alt - Em7).

¿Por qué querríamos hacer esto?

Simplemente para abrir otros posibles voicings de acordes y desbloquear el diapasón. Nos alejamos de las cuadrículas de acordes y pensamos de forma más pianística. Escucha cómo suena esta idea en el contexto de los cambios de *Autumn Leaves* a continuación.

Fíjate en la idea de la línea de bajo descendente. El Cmaj7 en el compás cuatro está tocado con la 5ª en el bajo. En el compás cinco, el Cmaj7b5 (que funciona como F#m7b5) tiene un voicing inusual de b5, fundamental, b5, fundamental, 3. El acorde final de B7 también se toca con la 5ª en el bajo para mantener las notas de bajo en la cuerda E grave.

Ejemplo 2u

Así es como se puede utilizar esta idea en el tema *Blue Bossa*. Para localizar rápidamente el acorde sustituto, recuerde que siempre estará a un intervalo b5 del acorde original. Así, en el siguiente ejemplo utilizamos un acorde Abmaj7b5 en lugar del Dm7b5 original (a un intervalo b5 de distancia).

Aquí hay un par de ideas interesantes. En el tercer compás, es posible que reconozcas este acorde como una forma familiar de Abmaj7. Tiene las mismas notas que un Fm9 sin su nota fundamental de F. Sólo tenemos que bajar una nota de esta forma para crear el acorde Abmaj7b5. En el contexto, captura el sonido de Dm7b5, pero es una opción armónica mucho más interesante.

Ejemplo 2v

Los últimos cuatro compases de *Stella by Starlight* presentan una serie de progresiones ii V menor un tono aparte. La forma de maj7b5 que aparece a continuación funciona muy bien en este contexto, junto con varios voicings de V7alt:

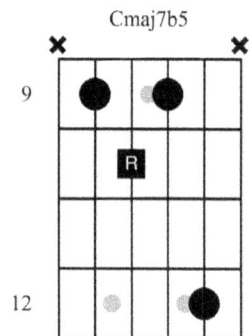

Cmaj7b5

Stella by Starlight está en la tonalidad de Bb mayor, y el primer acorde de la secuencia final es Em7b5. ¿Recuerdas la regla de la b5? Lo sustituiremos por un Bbmaj7b5, y luego bajaremos esta forma un tono para cada cambio de tonalidad posterior.

Ejemplo 2w

Dominio del Maj7b5

A continuación, se muestra un mapa del diapasón de Cmaj7b5. Sigue las instrucciones del capítulo anterior para trabajar con el mapa y ver si puedes descubrir algunas formas originales de expresar el acorde. Intenta incluir la nota característica (Gb), pero todo lo demás es posible. Recuerda que debes "probar" cada voicing en el contexto de una secuencia de acordes.

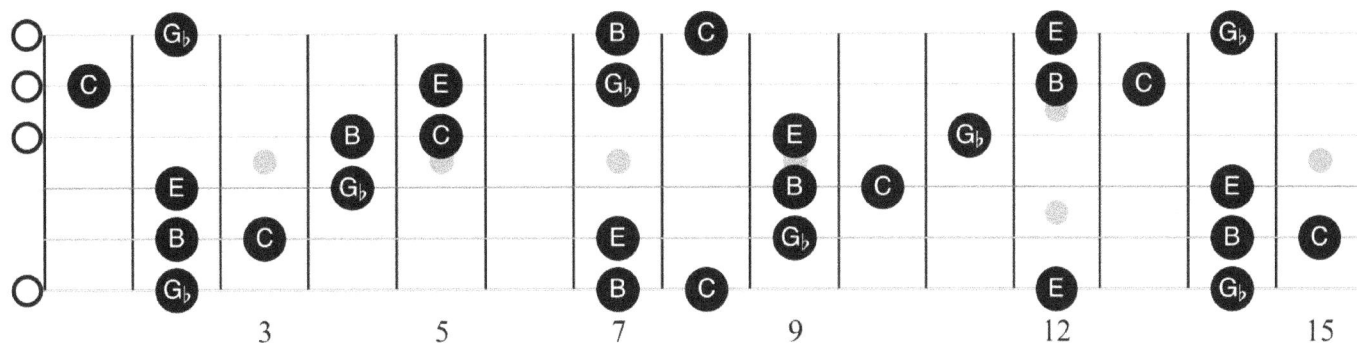

Maj7#5

Ahora veamos la contraparte del maj7b5, el maj7#5. El maj7#5 tiene la fórmula 1, 3, #5, 7. Cmaj7#5 contiene las notas C, E, G#, B.

Podemos ver este acorde de dos maneras:

En primer lugar, como un acorde "cromático". En otras palabras, como un Cmaj7 que tiene una nota G# en lugar de G.

En segundo lugar, como perteneciente a la escala menor melódica. Cmaj7#5 es el acorde III de la escala A menor melódica armonizada.

Estas dos perspectivas afectan al contexto en el que podemos utilizar este acorde. Puede tener aplicaciones *mayores* y *menores*, como veremos más adelante. Sin embargo, primero vamos a aprender algunas formas diferentes de expresar el acorde y a escuchar cómo suena en el contexto de una progresión ii V I mayor.

En este primer ejemplo, lo más fácil es tocar el Cmaj7#5 con el dedo índice en el tercer traste. Fíjate en que añade un sabor más tenso a un mayor 7 que, por lo demás, suena dulce.

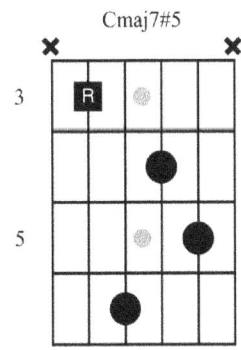

Ejemplo 2x

Dm9   **G13**   **Cmaj7#5**   **A7♭13**

En este voicing de Cmaj7#5, la #5 es la nota más baja, con la fundamental, la 3ª y la 7ª apiladas encima. Esta idea de conducción de voces para ii V I VI7 tiene notas que ascienden cromáticamente en la cuerda E aguda.

Cmaj7#5

Ejemplo 2y

Dm11   **G#9**   **Cmaj7#5**   **A7#9**

En este ejemplo, un voicing denso de Cmaj7#5 se combina con un acorde de Cmaj9 sin la nota fundamental que suena más brillante para contrastar.

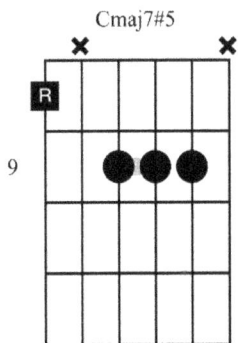

Cmaj7#5

Ejemplo 2z

| Dm11 | Db7b5 | Cmaj7#5 | Cmaj9 | Cmaj7 |

La nota fundamental de C del voicing anterior se ha transferido a la cuerda E aguda para crear un nuevo voicing de Cmaj7#5 en el ejemplo 2z1. Esta es otra idea de conducción de voces que sigue a una melodía tocada en la cuerda E aguda.

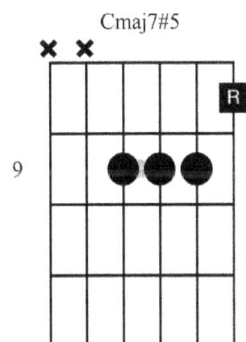

Cmaj7#5

Ejemplo 2z1

Aquí hay un último ejemplo creado de la misma manera. A menudo pienso en una melodía sencilla y luego trabajo para encontrar voicings de acordes que tengan la melodía como nota más alta. Practicaremos este método en el último capítulo. Es una buena manera de practicar tus habilidades de armonización y puede ser un reto encontrar voicings apropiados que contengan la nota de la melodía pero que aún conserven el sonido de la armonía subyacente. Profundizaremos en esta idea al final del libro.

Ejemplo 2z2

Aplicación del acorde maj7#5 en los estándares de jazz

Ahora veamos algunos ejemplos utilizando estándares de jazz que demuestran cómo utilizar el maj7#5 de forma efectiva para aportar un color diferente a la música.

El maj7#5 puede ser una buena sustitución de un mayor 7 normal, como se muestra aquí en los cambios de *Take the A Train,* donde añade un poco de picante a los procedimientos.

Ejemplo 2z3

Una de mis baladas favoritas es la melodía *Tenderly*. En el ejemplo que sigue, después del compás de anacrusa, un simple pero efectivo voicing de Ebmaj7#5 tiene la nota de la melodía en la parte superior. El acorde Ab9#11 que le sigue está digitado para mantenerse lo más cerca posible del acorde anterior. Puede ser un poco difícil tocarlo, así que puedes tocarlo con el dedo índice en todos los trastes, o puedes omitir la nota fundamental de Ab (dejando la 3, b7, 9 y #11, de grave a agudo). En el compás siete, otro voicing de Ebmaj7#5 mantiene el ambiente agridulce y también incluye la nota de la melodía.

Ejemplo 2z4

Este ejemplo incluye dos maj7#5 en los primeros compases de *Here's That Rainy Day*

Ejemplo 2z5

Esta es una forma de tocar los primeros ocho compases de la melodía *Solar* de Miles Davis. El primer acorde es un voicing de Cm(Maj7) con una 9ª añadida encima pero sin nota fundamental. En el cuarto compás, la forma Bbmaj7 proporciona el sonido del acorde original de G menor (tiene las mismas notas que Gm9). Bajando una nota de este voicing se crea el acorde C13 que sigue. En los compases 5-6, un Fmaj7#5 sustituye a Fmaj7. En el compás 8, E7#9 es una sustitución en bemol del acorde original Bb7.

Ejemplo 2z6

Maj7#5 como sustituto del acorde I en un ii V I menor

He aquí una idea de sustitución fácil de recordar. Con cuidado (usa siempre tus oídos), puedes sustituir un acorde menor por su relativo mayor 7#5.

En el tercer compás del ejemplo siguiente, el acorde original habría sido Am(Maj7), pero se ha sustituido por Cmaj7#5 (A menor / C mayor son tonalidades relativas).

Como la mayoría de los conceptos de sustitución, funciona porque los dos acordes tienen suficientes notas compartidas para crear el sonido deseado. Las notas de este voicing de Cmaj7#5 destacan la b3, 5ª, 7ª y 9ª de Am(Maj7). La tensión creada por este acorde se resuelve en el compás cuatro con un Am9.

Ejemplo 2z7

También podemos aplicar esta idea a la melodía *Solar*. En los compases 1-2, en lugar del acorde Cm(Maj7), podemos utilizar voicings de Ebmaj7#5 (relativo mayor) para abrir más opciones en el diapasón. He aquí un arreglo de los seis primeros compases.

Ejemplo 2z8

Esta idea de sustitución puede ser muy efectiva en el contexto de una bossa menor ii V i, como *Beautiful Love*, una melodía que a menudo aparecía en el repertorio de Bill Evans. El Fmaj7#5 en el compás tres es un sustituto de Dm7 y funciona bien con la melodía, mientras que la sustitución en el compás cuatro crea un sonido Dm(Maj7).

Ejemplo 2z9

El acorde maj7#5 funciona bien cuando funciona como un acorde I que precede a un acorde IV, como en este ejemplo (Cmaj7#5 pasando a Fmaj9). Sabiendo que cualquier tensión creada se resolverá de forma inminente, no tenemos que rehuir el uso de voicings aventureros. En este caso, la cuerda E aguda abierta es una característica de todos los voicings.

Ejemplo 2z10

El maj7#5 como sustituto de un acorde menor en progresiones modales

El maj7#5 se puede utilizar en melodías de jazz modal en tonalidad menor como sustituto del acorde i menor. Podemos pensar en esta sustitución de dos maneras. En primer lugar, podemos verla como la sustitución relativa mayor/menor de la que hablamos antes (donde Cmaj7#5 sustituye a Am9, por ejemplo).

Utilicemos esta idea para crear interés en los primeros compases de *Summertime,* que normalmente se tocarían como un A menor durante todo el tiempo.

Ejemplo 2z11

He aquí un enfoque alternativo a esta secuencia.

Ejemplo 2z12

La segunda forma de entender esta sustitución es ver cualquier acorde menor estático en términos de una escala menor madre, y luego usar otros acordes de esa escala como sustituciones.

Por ejemplo, si estamos tocando sobre un acorde de Dm7 en un tema como *So What* de Miles Davis o *Impressions* de John Coltrane, podemos utilizar *cualquier* escala armonizada de D menor como fuente de posibles voicings de acordes sustitutivos.

Por ejemplo, tomemos la escala menor melódica de D como nuestra escala de origen. El acorde III de la escala menor melódica armonizada de D es Fmaj7#5. Esto significa que podemos utilizar voicings de Fmaj7#5 para sustituir a Dm7. Esta idea funciona especialmente bien para temas modales en los que hay varios compases de un mismo acorde.

Así es como se podría utilizar esta idea en el contexto de *Impressions* de Coltrane.

Ejemplo 2z13

A menudo, cuando se toca acompañamiento en un tema como *So What*, los instrumentos armónicos alternan entre D menor y E menor durante los compases de D menor, para crear una especie de riff. El Fmaj7#5 ofrece más posibilidades de generar ideas de acompañamiento interesantes, añadiendo su sabor único y oscuro.

Ejemplo 2z14

Dominio del maj7#5

Para terminar este capítulo, aquí hay un mapa del diapasón para trabajar con el acorde maj7#5. Comprueba si puedes localizar algunos de los voicings con los que hemos trabajado. Recuerda que puedes elegir los patrones que se repiten en el mapa y utilizarlos para acompañar.

Capítulo 3 - Maj11 y Maj13

Los acordes mayores de 6, 7 y 9 son omnipresentes en el jazz, y aparecen en numerosos estándares, pero otras extensiones del acorde mayor son raras. Más raros aún son los acordes mayores con alteraciones de los intervalos superiores. Pero eso no significa que los acordes mayores con extensiones/alteraciones no suenen bien y no sean útiles. Como descubrirás en este capítulo, acceder a esos intervalos superiores puede dar lugar a algunas progresiones de sonido exuberante que ponen más opciones armónicas a nuestro alcance.

Un "problema" inmediato con acordes como un maj13 es que su expresión completa contendría demasiadas notas para tocar en la guitarra. Por lo tanto, el objetivo principal de este capítulo es buscar voicings de acordes que suenen bien, que contengan las notas *principales* y creen colores interesantes en el contexto de progresiones de jazz conocidas.

En primer lugar, exploraremos los voicings de maj11 y maj13 antes de pasar a maj9#11 y maj13#11.

Maj11

El maj11 es un acorde de seis notas y puede considerarse como un acorde maj9 con una 11ª añadida. Tiene la fórmula 1, 3, 5, 7, 9, 11. Cmaj11 tiene las notas C, E, G, B, D and F.

Nota: Al leer las tablas de acordes, no hay que confundir Cmaj11 con C11. Este último pertenece a la familia de acordes de dominante y tiene un b7 (Bb).

Escuchemos cómo suena el maj11 en el contexto de una progresión.

Este primer ejemplo utiliza la misma digitación para Cmaj11, pero una nota se desplaza a través de una cuerda para producir dos voicings ligeramente diferentes. En el tercer compás, el acorde tiene la 3ª (G) en el bajo, de modo que funciona como parte de una línea de bajo cromática descendente en la cuerda E grave. En el compás 4, la nota de bajo se traslada a la cuerda de A y la nota fundamental se duplica.

Ejemplo 3a

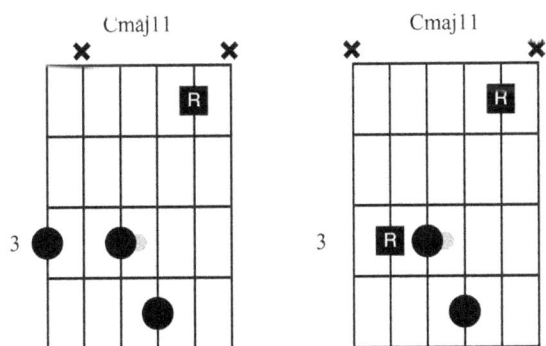

De grave a agudo, este voicing de Cmaj11 se construye 5ª, fundamental, 11ª, 7ª.

Ejemplo 3b

El siguiente ejemplo contiene algunos voicings interesantes en los que quizá no hayas pensado. El acorde Dm9 se toca utilizando la cuerda abierta de D como nota fundamental para facilitar lo que viene después. En el segundo compás, utilicé mis oídos para crear este acorde inusual y me gustó su sonido. Quería crear el sonido general del esperado acorde G7 pero añadiendo un giro, así que probé a bajar dos notas del voicing de Dm9. El resultado puede considerarse como un G7b9b13 sin nota fundamental. En los compases 3 y 4, este arreglo de Cmaj11 se toca (de grave a agudo), fundamental, 7ª, 11ª, 5ª, fundamental.

Ejemplo 3c

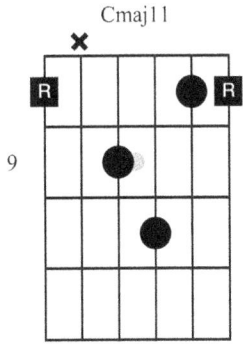

Dm9   G7♭9♭13   Cmaj11   Cmaj11

let ring - - - - - - - - - - - - - - ⌐

```
    |-12-----------|-11-----------|-8------------|----------------8-|
  T-|-10-----------|-9------------|-8------------|--------------8---|
  A-|-10-----------|-10-----------|-10-----------|----------10------|
  B-|-0------------|-0------------|-9------------|--------9---------|
    |              |              |-8------------|-8----------------|
```

En este ejemplo, el Cmaj11 se forma duplicando la nota fundamental y la 11ª, y añadiendo la 5ª (G) encima. El resultado tiene la sensación de un acorde suspendido. Este sonido suspendido se resuelve con el segundo voicing de Cmaj11.

Ejemplo 3d

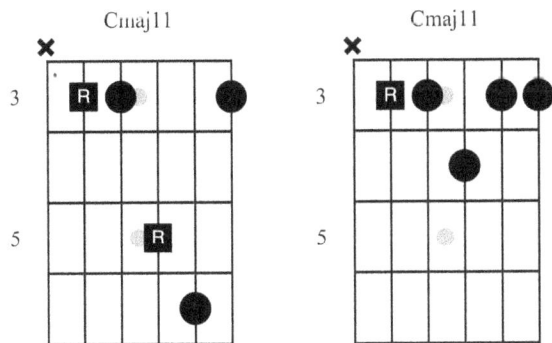

El ejemplo 3e tiene otra idea de línea de bajo cromática, esta vez ascendente en la cuerda de A. En el compás dos, este acorde podría verse como un Ebmaj7#5, pero con un bajista que mantiene la nota G esperada, el sonido resultante es G(b6). El acorde Cmaj11 se toca con la 3ª (E) en el bajo, luego (de grave a agudo) 5ª, fundamental, 11ª, 7ª.

Ejemplo 3e

Esta versión de Cmaj11 incorpora la cuerda E abierta para crear un acorde de sonido etéreo. Esta vez las notas se apilan (de grave a agudo) 9ª (D), fundamental (C), 11ª (F), 7ª (B) y 3ª (E). Suena muy bien tanto arpegiado como rasgueado. La cuerda E abierta también se añade al acorde G9 en el compás dos (para este acorde añade la 13ª).

Ejemplo 3f

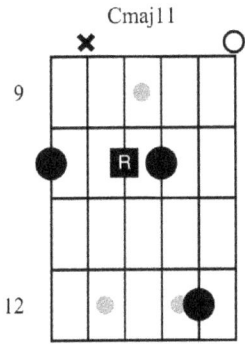

Cmaj11

Dm9   **G9(13)**   **Cmaj11**   **Cmaj11**

let ring - - - - - - - - - - - - - - 🔲   *let ring* - - - - - - - - - - - - - - 🔲

La cuerda E aguda vuelve a aparecer en la siguiente progresión. En el primer compás añade la 11ª al voicing común de Dm9. En el segundo compás, añade la 13ª al acorde G9, como en el último ejemplo. Para el Fmaj9 es simplemente una duplicación del intervalo de 7ª, pero la cuerda abierta mantiene el sentido de continuidad con los voicings anteriores. El Cmaj11 se toca de nuevo con la 9ª en el bajo y la nota fundamental en la parte superior, lo que da al sonido una sensación de ambigüedad.

Ejemplo 3g

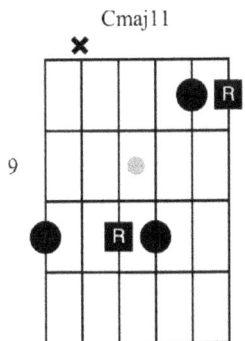

Cmaj11

Dm9(11) **G9(13)** **Cmaj11** **Fmaj9**

El siguiente ejemplo utiliza uno de mis voicings favoritos del maj11. Está construido con 5ª (G), fundamental (C), 11ª (F), fundamental (C) y 3ª (E) y tiene una calidad de campanilla.

Ejemplo 3h

Cmaj11

Dm7 **G7♭9** **Cmaj11** **Cmaj11**

let ring -

Dominio del Maj11

Aquí hay un mapa del diapasón para trabajar con el acorde maj11. Comprueba si puedes localizar algunos de los voicings con los que hemos trabajado. Recuerda que también puedes elegir los patrones que se repiten en el mapa y utilizarlos como ideas para acompañar.

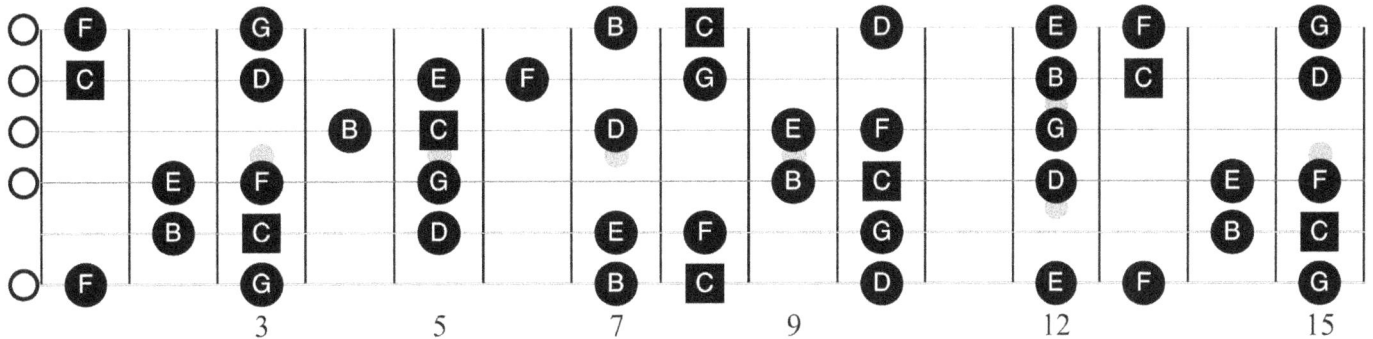

A continuación, pasaremos al acorde maj13 y exploraremos algunos ejemplos de ii V I. Al final de este capítulo veremos algunas aplicaciones de estos dos acordes en los estándares de jazz.

Maj13

Si añadimos una nota A al acorde maj11, creamos el maj13. Tiene la fórmula 1, 3, 5, 7, 9, 11, 13. Cmaj13 tiene las notas C, E, G, B, D, F y A.

Es imposible incorporar todas esas notas en voicings útiles en la guitarra, así que tenemos que ser selectivos. Queremos incluir el importante 13º tono de color (la nota A), pero aparte de eso, todas las demás notas están disponibles, incluso la nota fundamental de C, siempre y cuando:

1. El acorde resultante suena bien

2. Funciona bien en el contexto de una progresión de acordes

Veamos una selección de voicings y oigamos cómo suenan cuando se colocan en un contexto de ii V I mayor.

En primer lugar, aquí hay un Cmaj13 que suena completo, construido (de grave a agudo) fundamental, 3ª, 13ª, 9ª, 5ª y 7ª.

Ejemplo 3i

Este voicing utiliza sólo tres notas más la cuerda B abierta, para capturar el sonido Cmaj13: fundamental, 5ª, 13ª y 7ª. Tienes la opción de rasguear todas las cuerdas abiertas, como se demuestra en el compás cuatro, en cuyo caso el voicing estaría encerrado por la 3ª en las cuerdas E graves y agudas. Observa también en este ejemplo que los acordes Dm9 y Db7#9 se tocan con la 5ª en el bajo.

Ejemplo 3j

El siguiente ejemplo utiliza una versión reducida de cuatro notas de Cmaj13, con la 13ª en la parte inferior y la fundamental, 5ª y 7ª apiladas en la parte superior. Este acorde también podría verse como un Am9, pero el contexto del ii V I determina su función como sonido de C mayor.

Ejemplo 3k

He aquí una forma de incluir el sonido maj13 en una secuencia ii V I con dos voicings complementarios del acorde.

Ejemplo 3l

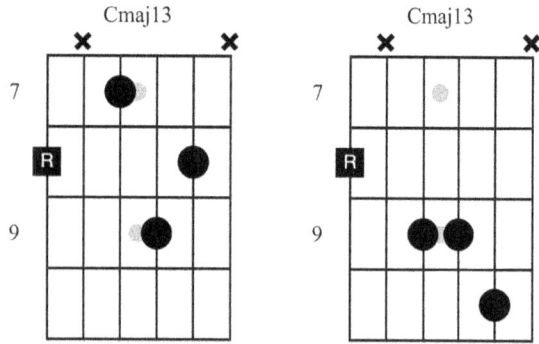

Dm11   G9   Cmaj13   Cmaj13

Aquí tenemos un último ejemplo que reúne tres opciones diferentes de sonorización de Cmaj13 (la primera de las cuales ya hemos utilizado) para crear una forma más colorida de tocar el omnipresente ii V I. El maj13 le da al sonido un verdadero impulso.

El segundo voicing en el tercer compás podría interpretarse de varias maneras, pero en el contexto de esta progresión puede verse como un Cmaj13 sin la nota fundamental construido 7ª (B), 3ª (E), 13ª (A), 9ª (D).

En el compás cuatro, este voicing también podría verse como un Am9, pero lo estamos usando como un Cmaj13, arreglado 13ª, fundamental, 5ª, 7ª, 3ª.

Ejemplo 3m

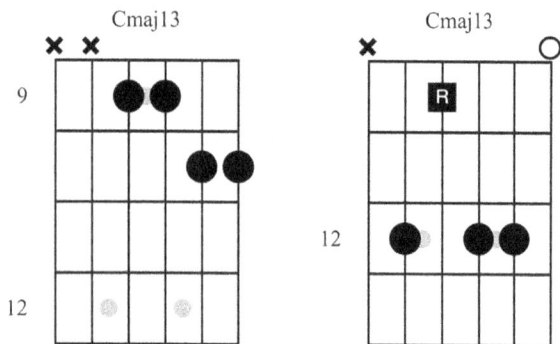

Dominio de Maj13

Para concluir esta sección, a continuación se muestra un mapa del diapasón para el acorde maj13. Por supuesto, es similar al mapa del maj11, pero la adición de la nota A abre muchas posibilidades diferentes.

Aplicación de los acordes Maj11 y Maj13 en los estándares de jazz

Ahora veamos algunos ejemplos de dónde podemos utilizar el sonido maj11 y maj13 en algunos estándares de jazz.

Este primer ejemplo funciona sobre los compases iniciales de *All the Way*, la clásica melodía de Jimmy Van Heusen que hizo famosa Frank Sinatra. El compás de arranque tiene un voicing de Cmaj13 que quiere resolver a la nota de la melodía del tema, por lo que actúa como un tipo de suspensión. En el primer compás, la forma de Cmaj13 sin la nota fundamental se toca 7, 3, 13, 9, 5.

Ejemplo 3n

En el siguiente ejemplo tocamos sobre el puente del tema *My Funny Valentine* y utilizamos los acordes maj11 y maj13. En el tercer compás, el acorde Ebmaj11 se toca fundamental, 11, 7, 3, 7 y es una solución bastante elegante para incluir este acorde.

El acorde Ebmaj13 al principio del compás cinco también merece una mirada más atenta. Utiliza la cuerda de G abierta para doblar con el G tocado en la cuerda de B, octavo traste, lo que crea un efecto de tintineo. De grave a agudo, se toca con 11, 13, 3, 3 repetida y nota fundamental:

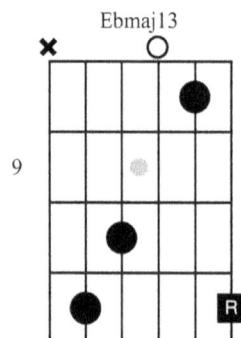

Ebmaj13

Ejemplo 3o

Esta es una forma de añadir algo de riqueza a los primeros compases de *The Nearness of You* con voicings de maj13.

Ejemplo 3p

Este ejemplo presenta los primeros cuatro compases del hermoso tema melodía *Turn Out the Stars* de Bill Evan. El compás cuatro tiene uno de mis voicings favoritos para Cmaj13 que utiliza todas las extensiones. De grave a agudo se toca con la nota fundamental, la 11, la 13, la 9 y la 3.

Ejemplo 3q

El ejemplo 3r muestra cómo se pueden utilizar los acordes maj11 y maj13 en los primeros compases de *Polkadots and Moonbeams* de Jimmy Van Heusen. Hay que tener en cuenta algunos puntos. El Fmaj11 de apertura está dispuesto en 3, fundamental, 11, 5, 7. En el segundo compás, la forma Abmaj7 tiene las mismas notas que Gm9. Bajamos dos notas en el medio de esta forma para crear un acorde C13b9, que condimenta el C7 de los cambios originales. La versión reducida de Fmaj13 en el tercer compás utiliza la 7, la 11, la 5 y la nota fundamental. Por sí solo, este acorde puede sonar inusual, pero está cuidadosamente arreglado para que, si se toca la nota de la melodía por encima, mientras el bajista mantiene un F bajo, se cree un sonido armonioso de Fmaj7sus.

Ejemplo 3r

Aquí tenemos una forma alternativa de tocar los cambios de *The Nearness of You* vistos en el ejemplo 3p. Esta vez tenemos algunos voicings de cuatro notas del maj13 y he sido muy selectivo sobre qué extensiones incluir, para mantenerme cerca de la armonía. La Fmaj13 del primer compás se toca con 11, 13, fundamental y 5. El Bbmaj13 del tercer compás tiene el voicing 3, 13, fundamental y 5.

Ejemplo 3s

Acordes 9 y 13 alterados

Como se mencionó al principio de este capítulo, es posible incluir notas extendidas *y* alteradas en los acordes mayores para producir voicings más interesantes. Por supuesto, no todas suenan bien o son útiles, pero aquí exploraremos brevemente dos acordes mayores extendidos/alterados que sí suenan bien y funcionan bien en las progresiones de jazz.

Maj9#11

El maj9#11 es un acorde de seis notas con la fórmula 1 3 5 7 9 #11. Se trata esencialmente de un acorde Cmaj9 estándar (C, E, G, B, D) con una 11ª añadida (F#). La inclusión de la 9ª (D) es lo que diferencia a este acorde de un Cmaj7#11.

Escuchemos cómo suena en el contexto de la ii V I mayor.

En el ejemplo 3t el voicing de Cmaj9#11 tiene un maravilloso sonido abierto. De grave a agudo, el voicing es fundamental, 9, 7, 3 y 11. Tocar la 9 utilizando la cuerda de D abierta da a este acorde un sonido parecido al del arpa.

También hay que destacar la sustitución utilizada en el segundo compás. La sustitución de la quinta disminuida (tritono) es muy común en el jazz, y aquí vemos un acorde Db sustituido por el G7 original. Normalmente, sería un Db7, pero aquí es un Dbmaj7 con una #11 añadida. A veces, los músicos de jazz utilizan un acorde sustituto de *diferente* calidad, basado en notas compartidas. Otra forma de pensar en esta sustitución es que estamos omitiendo el G7 por completo y creando una nueva tensión al acercarnos al acorde I desde un semitono más arriba con un acorde de la *misma calidad*.

Ejemplo 3t

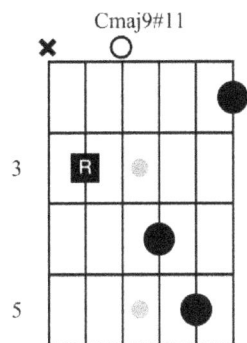

En el ejemplo 3u, el acorde mayor 9#11 se apila fundamental, 3, 9, 11, 7.

Ejemplo 3u

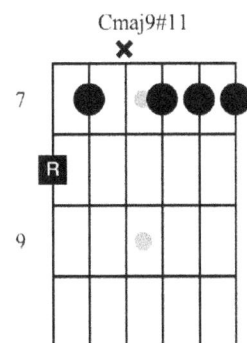

Dm9   **G13**   **Cmaj9#11**

Veamos cómo funciona el maj9#11 en la práctica aplicándolo al tema *Stella by Starlight*. Los compases iniciales tienen una serie de ii Vs que finalmente conducen a Ebmaj7. Veremos algunas formas de sustituir este acorde por un Ebmaj9#11. Esta es una forma de tocar los primeros ocho compases.

En el ejemplo 3v el Ebmaj9#11 tiene las notas Eb, G, Bb, D, F, A, y aquí el voicing utiliza la nota fundamental de Eb con la #11 (A), la 7ª (D) y la 9ª (F) apiladas encima.

Ejemplo 3v

Ebmaj9#11

Em7♭5   **A7#5**   **Cm11**   **F7**

Fm9   **B♭7♭9**   **E♭maj9#11**   **A♭7♭5**

Aquí hay dos formas alternativas de tocar los compases 5-8. En el ejemplo 3w el voicing Ebmaj9#11 es fundamental, #11, 7, 3 y 5.

Ejemplo 3w

En este ejemplo se utiliza un voicing reducido que sólo tiene la 11, la 7, la 3 y la 7 repetida una octava más alta. Aunque le falta la nota fundamental de Eb, funciona muy bien en este contexto.

Ejemplo 3x

Fm11   **B♭13**   **E♭maj9#11**   **A♭9**

Aquí tenemos otra aplicación de buen gusto del maj9#11, esta vez en un arreglo de *A Nightingale Sang in Berkley Square*. Otros acordes de este ejemplo también han sido aderezados en comparación con el original, pero siguen funcionando con la melodía. En el compás cuatro, el E♭maj7#11 en el tiempo 2 es un sustituto de Cm9, pero éste es aproximado cromáticamente desde arriba por el acorde Emaj7#11, que contiene la nota de la melodía en la parte superior. ¡Pruébalo!

Ejemplo 3y

Ebmaj9#11

Ebmaj9#11   **Cm11**   **Gbmaj7#11**   **Bbm**   **Eb7b9**

Abmaj7   **Dm7b5**   **G7b9**   **Emaj7#11**   **Ebmaj7#11**   **Abm7**   **Abm13**

Ebmaj7

Maj13#11

El maj13#11 es un acorde de siete notas impresionante, pero por supuesto no podemos tocar en la práctica voicings completos de él en la guitarra, así que debemos ser selectivos. En su lugar, queremos descubrir ideas de voicings que incluyan el carácter de las notas 13 y 11 y que suenen bien en el contexto de una progresión.

La fórmula del maj13#11 es 1 3 5 7 9 #11 13. Cmaj13#11 tiene las notas C, E, G, B, D, F# and A. Observa la presencia de las notas G y F#. Cuanto más separadas las mantengamos, menos disonancia oiremos en el acorde.

He aquí media docena de ejemplos en los que se puede utilizar el sonido maj13#11 en algunos temas de jazz muy conocidos. En primer lugar, he aquí una forma de introducir el melancólico *All the Way*, con un sonido malhumorado de Cmaj13#11. Todos los voicings de este ejemplo están dispuestos para incluir la cuerda E aguda abierta, y para utilizar cualquier otra cuerda abierta disponible. El D9 en el compás 4 es un voicing sin nota fundamental.

Ejemplo 3z

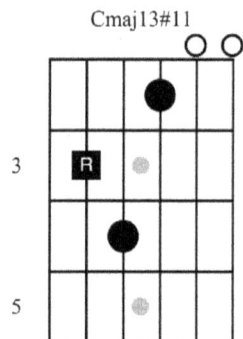

Cmaj13#11

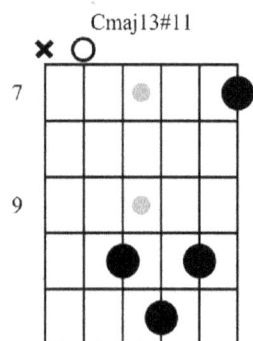

He aquí una forma de incluir este color de acorde en los primeros compases de *Alice in Wonderland*. Para esta forma de maj13#11 hay que estirar los dedos un poco, pero debería ser manejable con un poco de práctica.

Ejemplo 3z1

Dm9   **G13**   **Cmaj13#11**   **Fmaj9**

El ejemplo 3z2 presenta una versión diferente de los mismos cambios. El Cmaj13#11 (aquí con voicing de fundamental, 3, 13, 9, #11) tiene un sonido especialmente irresoluto, pero esta tensión se resuelve con el Fmaj9 en el compás cuatro.

Ejemplo 3z2

Cmaj13#11

Dm11   **Db7b5**   **Cmaj13#11**   **Fmaj9**

Veamos cómo suena el maj13#11 en el contexto de *Autumn Leaves*.

Ejemplo 3z3

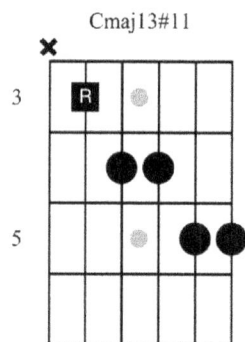

El maj13#11 puede funcionar bien en una balada melancólica. Aquí se utiliza como acorde de apertura en el tema *Blame it on My Youth*. Tenía en mente la sensación de la versión ultra melancólica de este tema interpretado por Jamie Cullum. Esta versión del acorde se construye con la 11, 7, 3, 13 y 9.

Ejemplo 3z4

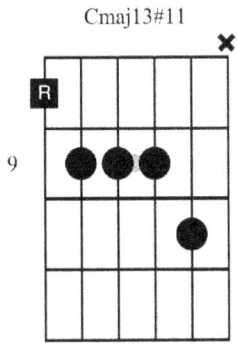

Cmaj13#11

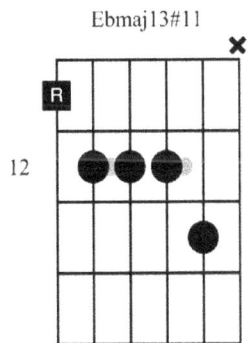

(partitura con cifrados: Cmaj13#11 Dm7 Em11 Cmaj7#11 Am Dm11 D♭°7 Dm9 A7#5 A9)

Por último, podemos añadir algunos matices sutiles a los cuatro primeros compases de *Skylark* con este voicing de Ebmaj13#11, arreglado fundamental, #11, 7, 3, 13.

Ejemplo 3z5

Ebmaj13#11

Dominio del Maj13#11

El diagrama de abajo incorpora los *dos* acordes extendidos/alterados que hemos explorado, ya que las notas del maj9#11 están contenidas en el maj13#11. Hay muchas notas aquí, así que cuando experimentes con este mapa, céntrate en incluir las notas de tensión y busca cualquier patrón que caiga fácilmente bajo los dedos.

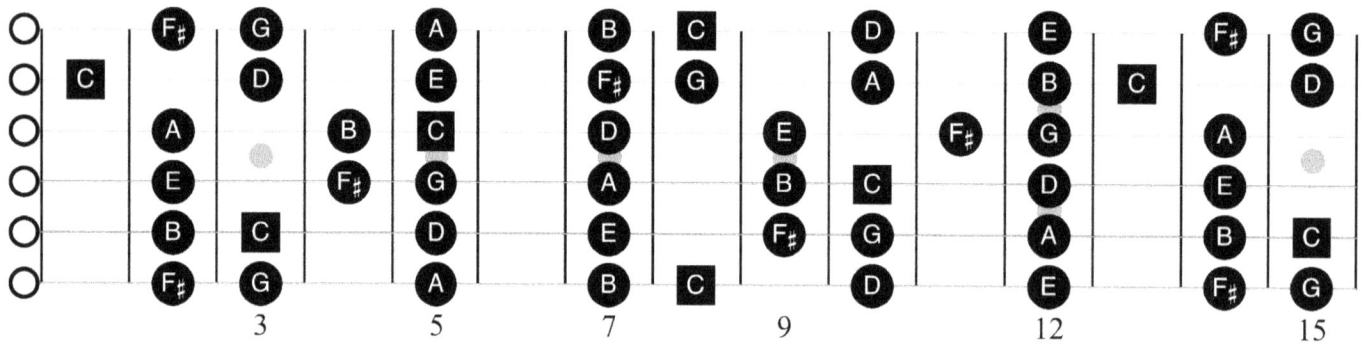

Capítulo 4 - Menores 6, 11 y 13

Ahora pasamos a ver algunas variantes modernas de acordes menores. Probablemente ya estás familiarizado con el acorde menor 6, y los menores 11 utilizados en temas como *So What*, *Impressions*, *Footprints* y muchos más. En este capítulo exploraremos los acordes menores con otras extensiones/alteraciones que añadirán un toque contemporáneo a su vocabulario de acordes y aportarán más color a sus arreglos. Trataremos el menor 6/9, el camaleónico menor b6, el menor 13 y el menor 11b9.

Como antes, aplicaremos estos acordes a la secuencia ii V I, y luego veremos cómo se pueden tocar en el contexto de algunos estándares de jazz conocidos.

Menor 6/9

La fórmula del acorde m6/9 es 1 b3 5 6 9. Cm6/9 tiene las notas C, Eb, G, A, D y se origina en la escala menor melódica armonizada.

La escala menor melódica de C contiene las notas C D Eb F G A B C, por lo que el acorde menor 6/9 tiene una 6ª mayor (una nota A) y no una b6 (Ab).

Escuchemos cómo suena el m6/9 en el contexto de una progresión ii V i menor. Este voicing sin nota fundamental se construye 6, b3, 5 y 9.

Ejemplo 4a

Notarás que el m6/9 no es un sonido sin resolver, sino que añade una "dimensión extra" intangible a una secuencia.

Ejemplo 4b

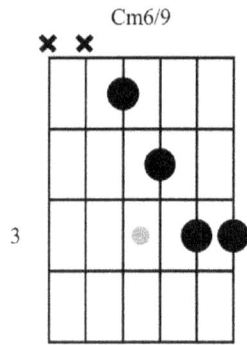

Este es un uso sombrío del acorde. El voicing menos común de Dm7b5 en el primer compás conduce muy bien al G9 que sigue, y el Cm6/9 hace uso de la cuerda abierta de G.

Ejemplo 4c

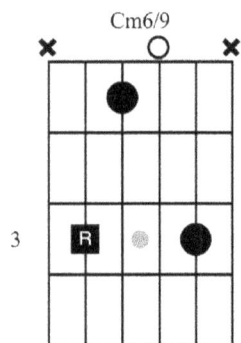

Este ejemplo de conducción de voces tiene una melodía ascendente en la cuerda E aguda. En lugar de tocar el esperado Dm7b5 en el primer compás, tenemos un Dm11b5 de sonido más ambiguo. El Cm6/9 tiene el voicing b3, 6, 9, 5 y fundamental.

Ejemplo 4d

Este inusual voicing de Dm7b5 tiene una ligera disonancia y el acorde Cm6/9, tocado fundamental, b3, 6 y b3 y mantiene este carácter.

Ejemplo 4e

Aquí tenemos otro acorde de Dm7b5 que suena muy bien. Esta vez el acorde Cm6/9 que lo acompaña está construido con la 9ª (D) como nota más baja.

Ejemplo 4f

Menor b6

El mb6 es un acorde inusual que puede producir algunas armonías realmente encantadoras y únicas. Se origina en la escala menor armónica de C (C, D, Eb, F, G, Ab, B) y tiene la fórmula 1 b3 5 b6. Cm6/9 contiene las notas C, Eb, G and Ab.

Estas mismas notas son también una inversión de un acorde Abmaj7, lo que ofrece algunas posibilidades interesantes de sustitución más adelante. Significa que estas notas pueden tener aplicaciones mayores y menores, y esto ayuda a aumentar los posibles voicings de acordes a nuestro alcance.

El menor b6 tiene una calidad etérea en su sonido. Compruébalo en este primer ejemplo.

Ejemplo 4g

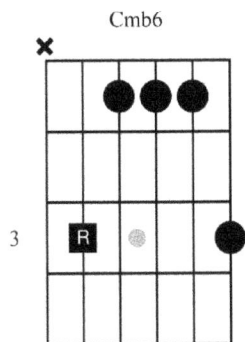

Dm7♭5	G7♭13	Cm♭6	

En el siguiente ejemplo, sin duda reconocerás la forma utilizada para Cm♭6 como un voicing común de Abmaj7. Con un bajista/pianista tocando una nota fundamental de C, suena muy bien en el contexto y añade un verdadero punto de diferencia a la progresión.

Ejemplo 4h

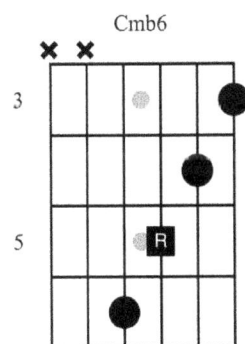

Dm7b5   **G13b9**   **Cmb6**

Aquí hay una interpretación más disonante de Cmb6 que es útil para crear tensión. Este voicing se construye fundamental, 5, fundamental, b3 y b6.

Ejemplo 4i

Cmb6

Dm7b5   **G7b9**   **Cmb6**

Aquí hay otra forma de tocar Cmb6 que es reconocible como un voicing de Abmaj7 - pero de nuevo, el contexto dicta el sonido menor.

Ejemplo 4j

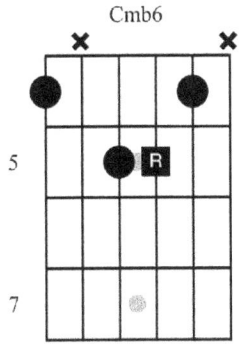

Cmb6

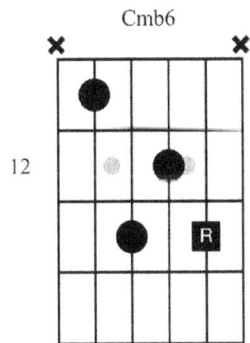

En el ejemplo 4k, el acorde Cmb6 se toca con la b6 en el bajo, y la b3, la 5 y la nota fundamental apiladas encima.

Ejemplo 4k

Este es uno de mis voicings de mb6 favoritos, que realmente resalta su sonido espacial. Se toca b3, b6, fundamental y 5 y funciona muy bien en la ii V i menor.

Ejemplo 4l

El ejemplo 4m utiliza tres voicings de Cmb6 para crear una "frase de acordes" (desarrollaré esta idea en el último capítulo). Aquí están los diagramas de acordes para los dos nuevos voicings de Cmb6 utilizados aquí.

Ejemplo 4m

Menor 13

El m13 es un acorde de siete notas, pero, como hemos observado con el maj13, no es posible poner todas esas notas en voicings prácticos en la guitarra, así que siempre omitiremos algunos intervalos.

La fórmula del acorde m13 es 1 b3 5 b7 9 11 13. Cm13 tiene las notas C, Eb, G, Bb, D, F, A.

Para empezar, aquí tenemos un voicing de Cm13 con la nota fundamental, 11, b7, b3 y 13.

Ejemplo 4n

En este ejemplo, Cm13 está emparejado con Cm11 en una progresión ii V I IV. Esta inusual sonoridad se construye 5, b7, 9, 13, y podría interpretarse de otras maneras (como Gm9, por ejemplo), pero el contexto establece el sonido.

Ejemplo 4o

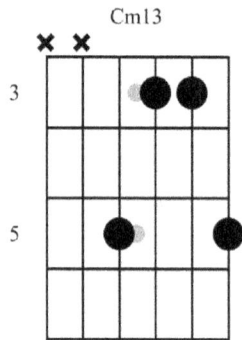

Cm13

A continuación, estos acordes se organizan para crear una frase de tipo pregunta y respuesta a lo largo de ocho compases. El voicing de Cm13 en el primer compás tiene la b3 en el bajo y la 13, la 9, la 5 y la nota fundamental apiladas encima. En el quinto compás (el comienzo de la frase de "respuesta"), el Cm13 tiene el voicing 11, b7, b3 y 13.

Ejemplo 4p

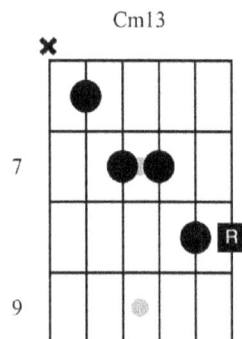

Cm13

En el jazz modal, es habitual que las progresiones tengan centros tonales cambiantes. La secuencia siguiente comienza como un ii V I en Bb mayor. En el compás cuatro, el acorde anotado D7#9b13 también podría verse como un Gm(Maj7) con una 11 añadida. Esto da sentido al acorde que sigue en el compás cinco - es un cambio de tercera menor hacia arriba (Gm a Bbm) - una idea armónica común en el bebop. En el compás seis, el centro tonal vuelve a subir una tercera menor (de Bbm a C#m). El voicing de m13 utilizado aquí se construye 11, 13, 9, 5 y fundamental.

Ejemplo 4q

Este ejemplo utiliza el voicing del ejemplo 4p con una nota omitida. La idea en este ejemplo es tener voicings ascendentes consecutivos.

Ejemplo 4r

He aquí una forma sencilla pero eficaz de expresar el sonido Cm13 en la guitarra, con la b7, b3, 13 y 9.

Ejemplo 4s

Cm13   F9sus   Bbmaj9

```
T
A   10         13             13
B   10         11             14
    8          12             12
    8          13             13
```

Este voicing de Cm13 (fundamental, 13, b3, 5) funciona bien con el voicing de F7#11 que sigue en la secuencia ii V I.

Ejemplo 4t

Cm13

Cm13   F7#11   Bbmaj7   D7#9   Gm

```
T   8          10             6              6
A   8          8              7              5             3
B   7          9              7              4             3
    8          8              6              5             5
                                                           3
```

En esta secuencia de ii V I extendida, el voicing de Cm13 podría interpretarse de varias maneras, ya que contiene sólo la nota fundamental (repetida), la 11 y la 13. Sin embargo, su propósito aquí es funcionar con los voicings que siguen, para crear un sonido suspendido que no se resuelve hasta el Bbmaj7 en el compás cuatro.

Ejemplo 4u

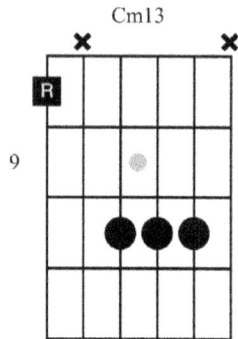

Cm13

Cm13   Fmaj7#11   F13b9   Bbmaj7

```
T  --10---------9---------7---------6-----
A  --10---------9---------7---------7-----
   --10---------9---------7---------7-----
B  --8----------8---------6---------------
                                   --6-----
```

Menor 11b9

Por último, llegamos al acorde m11b9. A falta de una mejor descripción, se trata de un acorde que suena "de otro mundo", con una cualidad expansiva y etérea. Utilizado con gusto en un arreglo, puede sonar fresco y sofisticado.

Se puede considerar simplemente como un acorde m11 con una novena disminuida. La fórmula del acorde menor 11b9 es 1 b3 5 b7 b9 11. Cm11b9 tiene las notas C, Eb, G, Bb, Db, F.

Prueba a tocar este voicing de Cm11b9 arpegiado y rasgueado y apreciarás inmediatamente sus cualidades espaciales.

Ejemplo 4v

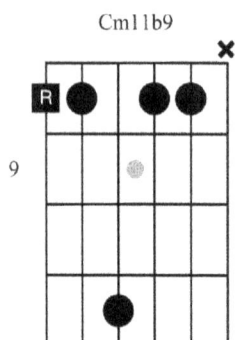

Cm11b9

Este voicing de Cm11b9 tiene una cualidad suspendida en su sonido y tiene el voicing fundamental, 11, b9, 11 repetida y b7.

Ejemplo 4w

Este es un voicing muy conmovedor para Cm11b9 que capta un estado de ánimo melancólico. Pruébalo en una balada en menor o en el tema *Yesterdays*.

Ejemplo 4x

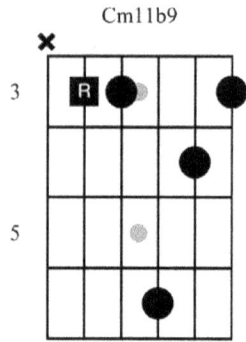

En este ejemplo, los voicings de los acordes siguen un simple movimiento cromático en la cuerda E aguda. Suele ser muy eficaz tocar voicings que se encuentran cerca unos de otros, de modo que se puede tocar una progresión completa con un movimiento mínimo.

Ejemplo 4y

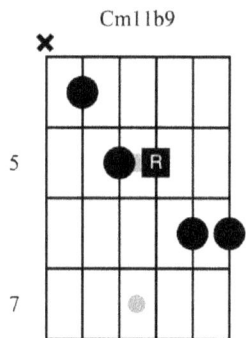

Aquí hay otro ejemplo de conducción de voces. La idea aquí es tocar una melodía de línea superior que se mueve en intervalos de cuartas, y luego encontrar voicings adecuados para las notas de la melodía.

El aspecto más difícil de este ejemplo es el estiramiento necesario para tocar el acorde de F#dim(b9) en el segundo compás. La mejor manera de atacarlo es utilizar el dedo anular para digitar la nota en la cuerda de B, el dedo índice para la cuerda de G y el segundo dedo para la cuerda de D. Una vez colocados esos dedos, estira el dedo meñique por encima para tocar la nota de la cuerda de A. Arquea un poco el meñique para que no silencie la cuerda D que hay debajo.

Ejemplo 4z

En el siguiente ejemplo tenemos una versión de sonido oscuro de Cm11b9, construida con fundamental, 11, b7, b9. Es el compañero ideal para el F7#5 que sigue.

Ejemplo 4z1

Cm11♭9 **F7♯5** **B♭maj9** **G7♭9♭13**

A menudo utilizo este voicing de Cm11b9 (5, b9, 11, fundamental). En este ejemplo, está emparejado con un sonido más exótico de F dominante que mantiene dos notas en común.

Ejemplo 4z2

Cm11♭9

Cm11♭9 **F(♭6♭9)** **B♭maj7♯11** **B♭maj7** **D7♯9** **G7♯9**

Por último, suelo tocar esta versión de Cm11b9 que me gusta por su sencillez y eficacia. Tiene la b9 en el bajo y la b3, la 5 y la nota fundamental en la parte superior, y tiene una calidad brillante en su sonido.

Ejemplo 4z3

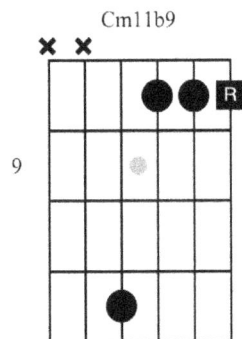

Cm11b9

Cm11b9	F9	Bbmaj7#11	Bbmaj9	G9sus	G9

Aplicación de los acordes menores 6/9, b6 y 11b9 en los estándares de jazz

Ahora vamos a ver el uso de estos acordes en los estándares de jazz para demostrar su sonido en un contexto más musical.

Los tres primeros ejemplos muestran cómo se pueden utilizar voicings de acordes menores más interesantes en un ii V i menor. Basados en los primeros compases del tema clásico *Alone Together*, los compases 1-2 utilizan voicings comunes, mientras que el compás tres añade el más colorido Dm13. Este vocing tiene una nota F en el bajo, que se resuelve en semitono hasta la nota fundamental del acorde Em7b5.

Ejemplo 4z4

Dm11	Em7b5	A7#5	Dm13	Em7b5	A7#9b13

Aquí hay una idea diferente que lleva un acorde Dmb6. Dmb6 tiene todas las mismas notas que Bbmaj7 - una idea que puedes usar para duplicar tus opciones de voicings de acordes cuando acompañas.

Ejemplo 4z5

En esta versión, los voicings menores de b6 marcan una verdadera diferencia en la sensación, suavizando la tonalidad menor y haciendo que el sonido sea un poco más ambiguo. Tocados sobre una línea de bajo móvil, añaden realmente algo de color a la progresión.

Ejemplo 4z6

El siguiente ejemplo utiliza los cambios de *My Funny Valentine*. Esta es una forma de tocar el principio utilizando un acorde Cm6/9 y un voicing alternativo de Dm7b5. Combinados, le dan un sonido más oscuro y melancólico.

Ejemplo 4z7

Si estás acompañando a un cantante o solista, es posible que quieras tocar dos acordes por compás al menos durante un tiempo para anclar el ritmo. Esta es una forma de tocar *My Funny Valentine* que mantiene el ritmo, pero incluye algunos giros armónicos. En el compás tres, el acorde Cm11b9 aporta una tensión sorprendente a la armonía, pero está bien utilizarlo ya que contiene la nota melódica.

Ejemplo 4z8

Los dos últimos ejemplos utilizan los primeros compases de *Angel Eyes*. Si no estás familiarizado con este tema, echa un vistazo a la gran versión de Jim Hall en su álbum *Live*. El ejemplo 4z9 son los primeros cuatro compases de la sección A. En este ejemplo utilizamos dos veces el hecho de que Cmb6 comparte notas idénticas con Abmaj7 (ver los voicings en el tiempo 1 de los compases uno y tres).

Ejemplo 4z9

Aquí están los compases 5-8 de *Angel Eyes* (puedes encajar esto con el ejemplo anterior). En el primer compás, verás que se utiliza la misma forma para los dos acordes de "C". El acorde Cm6/9 sin nota fundamental tiene el voicing 6, b3, 5 y 9. El acorde Cm11b9 se toca con la 5, b9, 11 con la nota fundamental arriba.

Ejemplo 4z10

Para terminar, aquí tienes una tarea de práctica para este capítulo. Notarás que no he incluido mapas del diapasón de los acordes menores que hemos cubierto. Elige un acorde menor extendido o alterado y crea tu propio mapa del diapasón. Puedes encontrar una serie de herramientas de mapeo útiles en línea, donde todo lo que tienes que hacer es escribir las notas requeridas.

Ahora elige uno de tus estándares favoritos en una tonalidad menor y utiliza el mapa para buscar voicings de acordes para acompañar. No tengas miedo de experimentar: el uso de un voicing de acordes inusual a menudo desencadenará una serie de ideas creativas y es bueno salir de tu zona de confort y dejarte guiar por tus oídos.

Capítulo cinco - Dominantes alterados y extendidos

El acorde de 7ª dominante es uno de los sonidos más importantes del jazz. Como tiene un sonido tan fuerte y distintivo, y la posibilidad de añadir coloridas alteraciones a su estructura, muchos músicos de jazz ignoran el acorde ii en la secuencia ii V I cuando improvisan y se centran únicamente en el dominante.

El acorde básico de 7ª de dominante se construye con la nota fundamental, 3, 5 y b7. En este capítulo, todos los ejemplos se basan en el acorde A7 (A, C#, E, G). Esta estructura se puede alterar de cuatro maneras: disminuyendo o aumentando la 5ª y añadiendo un b9 o un #9.

En la armonía de jazz se da una etiqueta genérica a un acorde de dominante con una o más de estas alteraciones: *acorde alterado*. En las tablas de acordes, generalmente verás escrito "A7alt". No se especifica si el tono alterado es un b5, un #5, un b9 o un #9, y lo que se debe tocar suele estar determinado por a) la *melodía* si se está acompañando a un cantante o instrumentista que está exponiendo la melodía o b) la *armonía*, es decir, simplemente lo que suena bien y tiene sentido en el contexto de la pieza.

El sonido alterado más frecuente en la improvisación de jazz es, con mucho, el 7b9, por lo que dedicaremos algún tiempo a explorar varios voicings de A7b9 aquí. Eso no quiere decir que no se utilicen otras alteraciones, pero son menos comunes en los temas de jazz porque gran parte del repertorio se origina en melodías de espectáculo que se cantaban (¡y las notas melódicas #5 no son tan comunes!)

En este capítulo, veremos los voicings esenciales que debes conocer para estos acordes y exploraremos algunos otros que quizás no hayas encontrado. Para terminar el capítulo, veremos algunos acordes de dominante que combinan extensiones y alteraciones. Al final, ¡esperamos que no te sientas molesto si ves A13b5b9 en una tabla de acordes!

Exploraremos todos estos voicings en el contexto de ii V mayor y menor en las tonalidades de C mayor/ menor.

Dominante 7b9

La fórmula del acorde 7b9 es 1 3 5 b7 b9. A7b9 tiene las notas A, C#, E, G, Bb.

Probablemente estés familiarizado con los dos voicings en posición fundamental de A7b9 que se ilustran a continuación.

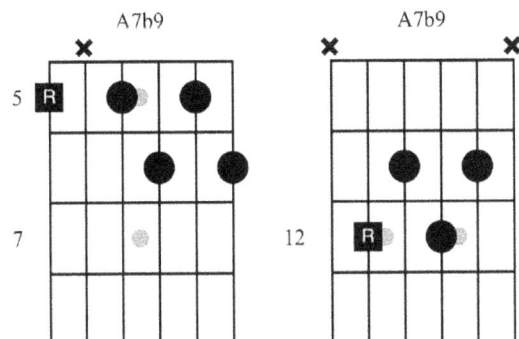

Puede que también conozcas esta forma móvil. Se puede desplazar hacia arriba/abajo en terceras menores (una distancia de tres trastes) para crear un conjunto de inversiones de 7b9. (Esta forma de cuatro notas está contenida en el acorde anterior con la nota fundamental en la cuerda de E). Muévelo hacia arriba/abajo en terceras menores para escuchar las inversiones. Puedes tocar la cuerda abierta de A como nota de bajo y mantenerla mientras las pruebas.

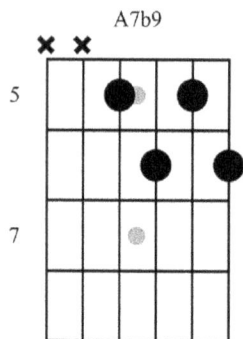

Estas son las formas de 7b9 a las que recurren muchos músicos y funcionan realmente bien. Pero si queremos crear sonidos frescos y modernos, tenemos que profundizar en la creación de nuevos voicings utilizando la técnica de mapeo.

En los ejemplos que siguen, me propuse descubrir las inversiones de A7b9 (es decir, formas que utilizan tonos de acordes distintos de la nota A en el bajo). Como siempre, la regla era que debían sonar bien en el contexto de un ii V I. No tiene sentido construir un acorde complicado que sólo suene bien por sí solo: tiene que aportar algo a una progresión.

Los tres primeros ejemplos utilizan formas A7b9 con la 3ª como nota más grave.

Ejemplo 5a

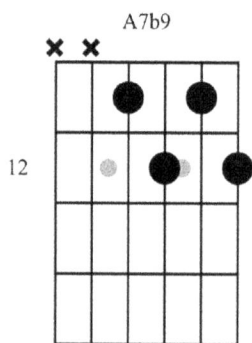

Ejemplo 5b

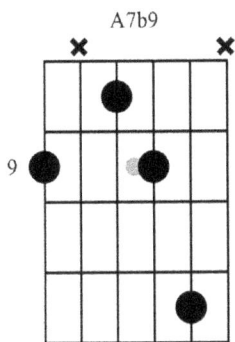

Em9	A7♭9	Dmaj7	

Ejemplo 5c

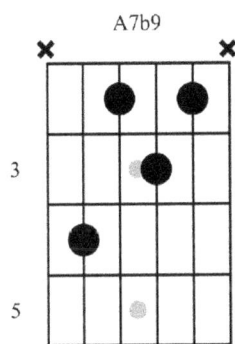

Em7	A7♭9	D⁶/₉	B9sus	B7♭9

Los tres ejemplos siguientes tienen la 5ª como nota más baja de A7b9.

Ejemplo 5d

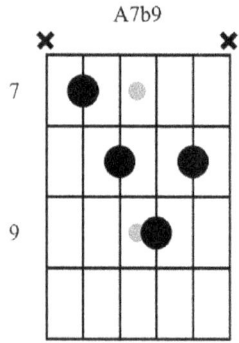

Ejemplo 5e

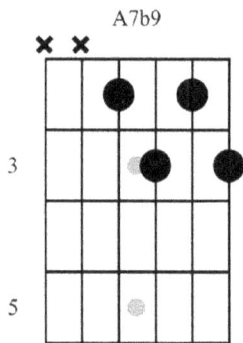

Ejemplo 5f

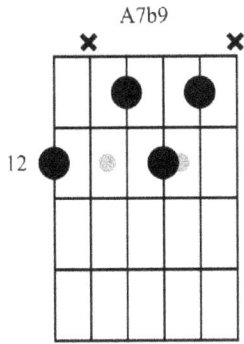

Em11   A7♭9   Dmaj7

Ahora probemos algunos voicings de A7b9 con la b7 en el bajo.

Ejemplo 5g

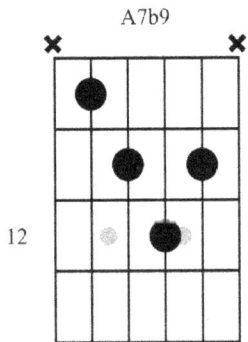

Em11   A7♭9   Dmaj7   B7♯5

Ejemplo 5h

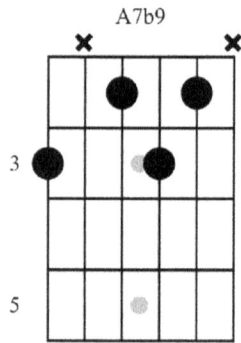

A7b9

| Em9 | A7♭9 | Dmaj7 | 4 |

El acorde dominante 7b9 funciona tan bien en la configuración de ii V i menor como en la mayor. Aquí hay un ii V i en D menor con un A7b9 tocado con la 7 en el bajo.

Ejemplo 5i

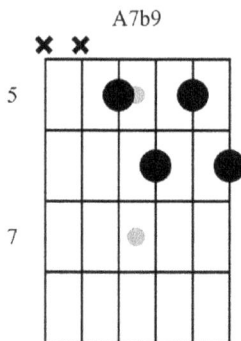

A7b9

| Em11♭5 | A7♭9 | Dm11 | 4 |

Para obtener un sonido moderno más desafiante, también podemos colocar el b9 como la nota más baja en un voicing de 7b9, como hacen muchos jazzistas contemporáneos. En este caso, esta idea funciona bien como parte de una línea de bajo cromática descendente. Los acordes Em9 y Dmaj9 se tocan con la 5ª en el bajo para acomodar el movimiento.

Ejemplo 5j

Aquí hay un ejemplo de ocho compases que utiliza dos formas de A7b9 con el b9 en el bajo.

Ejemplo 5k

Espero que estas ideas te hayan mostrado cómo puedes sacar más partido al acorde 7b9 y aplicarlo de forma interesante. Ahora pasamos a explorar el sonido de las otras variantes del acorde 7alt.

Dominante 7#9

El acorde 7#9 se construye 1 3 5 b7 #9.

A7#9 tiene las notas A, C#, E, G, B#.

Este primer ejemplo utiliza la forma de 7#9 más popular, a menudo denominado "acorde Hendrix" por el atrevido uso que Jimi hizo de él como acorde I en el tema *Purple Haze*.

Ejemplo 51

Esta versión de A7#9 suele ser útil cuando se quiere incluir una nota melódica en la cuerda E aguda.

Ejemplo 5m

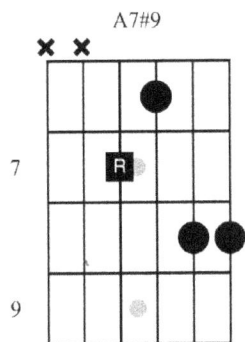

Esta es una de mis formas favoritas de tocar un A7#9 estirado que tiene una calidad de campanilla en el sonido.

Ejemplo 5n

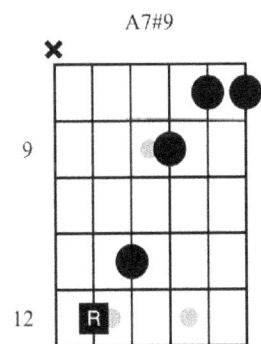

Ahora prueba los siguientes ejemplos que tienen un voicing de A7#9 con la b7 en el bajo. Abren nuevas opciones de cómo podemos combinar el sonido Alt7 con otros acordes.

Ejemplo 5o

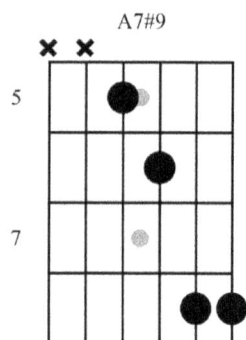

Ejemplo 5p

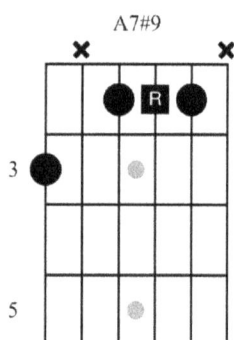

Ejemplo 5q

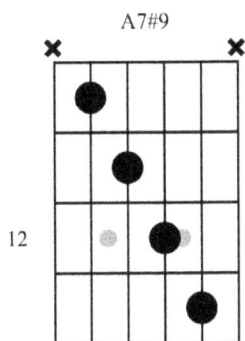

A7#9

12

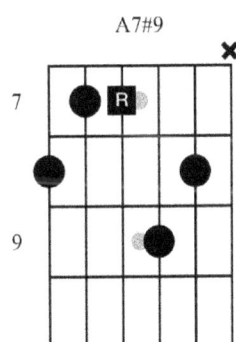

Por último, he aquí un ejemplo que coloca la #9 en el bajo para crear una línea de bajo cromática ascendente.

Ejemplo 5r

A7#9

7

9

Dominante 7b5

La fórmula del acorde 7b5 es 1 3 b5 b7.

A7b5 contiene las notas A, C#, Eb, G.

Esta es una forma común de tocar A7b5 con la que probablemente te habrás encontrado antes.

Ejemplo 5s

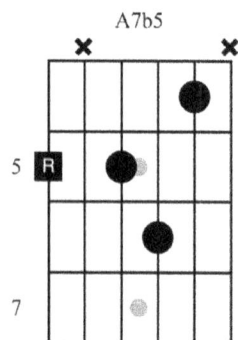

Aquí hay una forma menos común de tocar el acorde. Me encanta el efecto de tintineo de esta forma particular. Junto con el Dmaj7#11 que le sigue, da a la progresión un toque moderno.

Ejemplo 5t

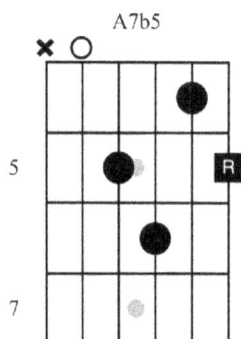

Em7   **A7♭5**   **Dmaj7♯11**

Esta forma de expresar el acorde (fundamental, b5, b7, 3) funciona bien cuando se quiere tocar una línea melódica en la cuerda E aguda.

Ejemplo 5u

A7b5

Em7♭5   **A7♭5**   **Dm7**

En este ejemplo, A7b5 tiene la b5 en el bajo, lo que nos permite tocar una línea de bajo cromática descendente en la cuerda de A.

Ejemplo 5v

El siguiente ejemplo utiliza muchas cuerdas al aire, así que asegúrate de dejarlas sonar mientras tocas. El A7b5 añade la cantidad justa de disonancia para desafiar al oyente. El D6sus9 añade más tensión antes de la resolución a Dmaj7 en el último compás.

Ejemplo 5w

Si quieres crear un sonido más oscuro y denso, prueba estos voicings en los que los acordes que rodean al A7b5 tienen la 5ª en el bajo.

Ejemplo 5x

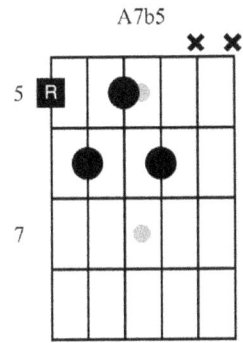

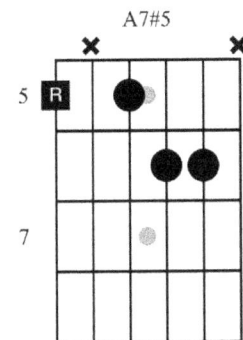

Dominante 7#5 (o 7b13)

La fórmula del acorde 7#5 es 1 3 #5 b7.

A7#5 tiene las notas A, C#, F, G.

Esta forma es la preferida por muchos músicos cuando aparece A7#5 en una hoja de acordes. Es fácil de tocar y simplemente funciona.

Ejemplo 5y

Em7b5 **A7#5** **Dmaj9**

Aquí hay una versión menos usada que es buena para arreglar melodías en las cuerdas de B o E agudo.

Ejemplo 5z

A7#5

Em11 **A7#5** **Dmaj7**

Si examinas el acorde 7#5 utilizando un mapa del diapasón, encontrará esta forma aumentada. Esta forma se puede mover en terceras mayores (cuatro trastes en la guitarra) para crear inversiones. Al moverla en terceras mayores pronto nos quedamos sin diapasón, pero para el acorde A7#5, significa que podemos tocar fácilmente tres voicings diferentes. (El cuarto voicing sería el mismo que el primero, una octava más alta). Aquí están las tres formas utilizadas en las progresiones.

Ejemplo 5z1

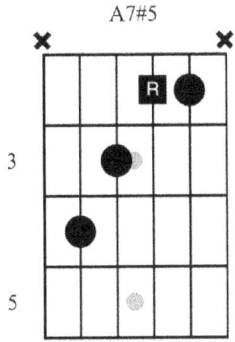

A7#5

Em9	A7#5	Dmaj9	

Ejemplo 5z2

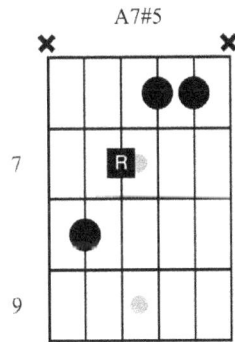

A7#5

Em9	A7♯5	Dmaj7	

Ejemplo 5z3

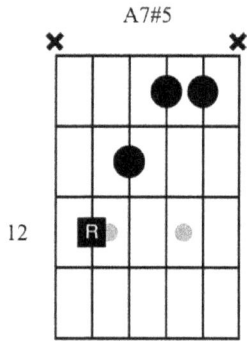

A7#5

Em11   A7#5   Dmaj7

```
T---10----------10----------10-----------------------
A---12----------10----------11-----------------------
B---12----------11----------11-----------------------
----12----------12----------10-----------------------
```

Por último, así es como se ve esa forma aumentada en las cuatro cuerdas superiores, expresada con la 3ª en el bajo. Funciona bien con el Dmaj7 que sigue.

Ejemplo 5z4

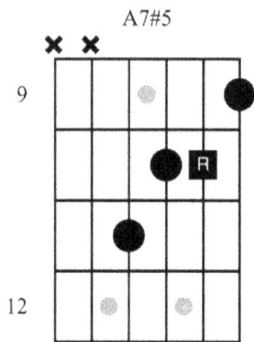

A7#5

Em7♭5   A7♭5   Dmaj7

```
T---10----------9-----------9------------------------
A---7-----------10----------7------------------------
B---8-----------10----------7------------------------
----7-----------11----------7------------------------
```

Acordes dominantes con extensiones y alteraciones combinadas

Para terminar este capítulo, vamos a aprender algunas formas de dominante alteradas más. Esta vez, sin embargo, tocaremos acordes que tienen notas extendidas *y* alteraciones combinadas. Por ejemplo, un dominante 7#5b9 o un dominante 13#9.

Una nota sobre la aplicación de estos acordes en los estándares de jazz...

A diferencia de los capítulos anteriores, no ilustraré ejemplos de dónde se pueden utilizar estos acordes en los temas de jazz. Las oportunidades para hacerlo son infinitas, y descubrirás que estos voicings son extremadamente versátiles y se adaptan a la mayoría de los temas estándar. Aplícalos a tus temas estándar favoritos y déjate guiar por tus oídos. Si suena bien, es bueno.

Hay otro punto que hay que tener en cuenta aquí. A los músicos de jazz les gusta difuminar las líneas armónicas cuando se trata de voicings de acordes. A menudo verás un ii V menor que se resuelve en un acorde mayor, o un ii V mayor que se resuelve en un acorde menor. A menudo esto se hace para dar un giro armónico y mantener al oyente adivinando. En estos ejemplos, simplemente utilicé los voicings de acordes que expresaban el sonido en mi cabeza, sin preocuparme demasiado por las reglas de la armonía funcional.

Empecemos con uno de mis acordes Alt7 favoritos. Joe Pass a menudo adereza sus arreglos con este dominante alterado.

Ejemplo 5z5

Este ejemplo contiene dos acordes alterados y uno de los giros armónicos antes mencionados. Los compases 5-6 tienen una secuencia de ii V menor que debería resolver en D menor en el compás siete, pero en su lugar tenemos Dmaj7. Este ii V I "sorpresa" se utiliza en muchas melodías, por ejemplo en *All the Things You Are*, que tiene F#°7 - B7b9 - Emaj7 (en lugar de Em7) hacia el final de la sección B.

Ejemplo 5z6

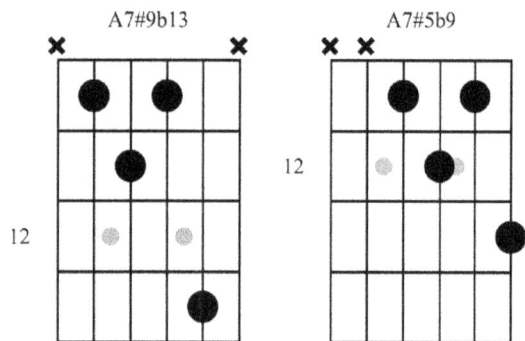

Este ejemplo también contiene dos acordes Alt7. La quinta posición A13b9 es un buen voicing para añadir algo de tensión que se resolverá con el siguiente acorde mayor/menor. La duodécima posición b9b13 fue elegida para encajar una línea melódica cromática descendente en la cuerda E aguda.

Ejemplo 5z7

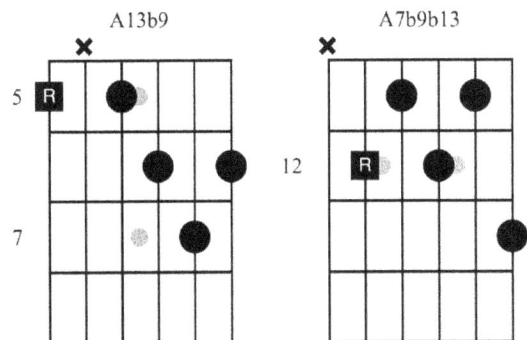

Este ejemplo contiene un nuevo voicing -el sonido tenso A7b5#9- y el compás seis muestra otra forma de utilizar la forma A7b9b13 del ejemplo anterior.

Ejemplo 5z8

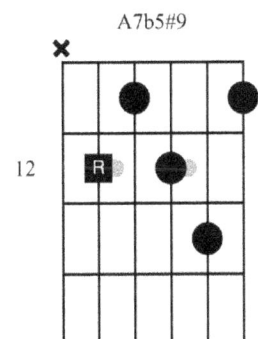

El siguiente ejemplo comienza con un inusual voicing dividido de Em7b5. Le sigue el acorde A7#9 de Hendrix, pero con la nota #5 añadida encima. El sonido 7b5b9 utilizado en el sexto compás quiere resolver drásticamente a Dm7.

Ejemplo 5z9

Em7♭5   A7#5♯9   Dm9

Em7♭5   A7♭5♭9   Dm7

Por último, aquí hay algunas voces de Alt7 que requieren un poco más de esfuerzo. La adición de la nota #11 al A7#9 en el segundo compás añade un giro único al sonido. Pruébalo arpegiando y rasgueando. En el compás seis, este voicing de 13#9 tiene un sonido muy tenso que pide a gritos ser resuelto.

Ejemplo 5z10

A7#9#11   A13#9

Aunque los acordes dominantes con múltiples alteraciones pueden dar lugar a voicings de sonido muy complejo, siempre suenan exuberantes en el contexto de un arreglo de jazz bien concebido, y son especialmente útiles para el guitarrista solista. Si te preocupa que estos acordes suenen demasiado densos cuando trabajas con un bajista o pianista, siempre puedes omitir las notas del bajo y arreglar tus voicings en las cuerdas más altas.

Capítulo seis - Combinaciones creativas de acordes

Hemos estudiado una serie de voicings modernos para acordes mayores, menores y dominantes y hemos aprendido a utilizarlos en secuencias de ii V I. También los hemos aplicado a secuencias de muchos temas estándar de jazz. Ahora es el momento de reunir todos esos conocimientos y aplicarlos para crear un arreglo completo de un tema.

En los capítulos anteriores, el acorde "especial" ha sido el punto principal, pero aquí podemos utilizar todas las opciones creativas a nuestro alcance y combinar múltiples formas de acordes. Puede que nos tomemos algunas libertades armónicas por el camino, pero recuerda las reglas:

Las elecciones de acordes deben sonar bien a nuestros oídos y *deben funcionar en el contexto de la progresión de acordes.*

Trabajaremos los cambios de acordes del tema *Someday My Prince Will Come* y aprenderemos algunos enfoques creativos de rearmonización. Espero que estas ideas despierten una nueva creatividad en tu forma de tocar y la voluntad de explorar y descubrir nuevos sonidos. Incluso el aprendizaje de *una* nueva forma de abordar un estándar que has tocado cientos de veces puede abrir nuevas vías de aprendizaje.

Antes de entrar en los ejemplos, he incluido un recordatorio de todos los dispositivos de arreglo mencionados en este libro. Este no es un libro específico sobre arreglos de guitarra de jazz -un enorme campo de estudio que merece su propio tratamiento- y tampoco es una lista exhaustiva, pero aquí hay diez ideas que puedes utilizar inmediatamente para dar un toque moderno a tu acompañamiento de jazz. Si te quedas sin ideas cuando trabajas en un tema, consulta esta lista para recordar algunas de las posibilidades de rearmonización.

Consejos para los arreglos

1. Sustituye un acorde estándar de mayor 7 por una alternativa extendida/alterada, por ejemplo, maj7#11, maj7b5, maj11, maj13.

2. Toca acordes mayores alterados que suenen tensos (por ejemplo, maj7#5) como acordes de paso y "resuélvelos" tocando un maj7 o maj9.

3. Toca un maj7#11, maj7b5, maj7#5, etc. antes del acorde IV en la misma tonalidad, por ejemplo, Cmaj7#11 - Fmaj7.

4. Sustituye un acorde V7 por un mayor 7#11 un tono por debajo de su nota fundamental. Por ejemplo, sustituye A7 por Gmaj7#11 (funciona sobre la base de notas comunes).

5. Sustituir, o emparejar, un maj7#11 con un acorde menor 9 relativo. Por ejemplo, Ebmaj7#11 combinado con, o sustituido por, Cm9.

6. Aproximar los acordes desde un semitono por encima/por debajo. Un recurso simple pero efectivo, puedes tocar un acorde que suene exótico y que resuelva un semitono a un acorde más convencional. Por ejemplo, de C#maj9#11 a Cmaj7. El acorde puede ser de la misma o diferente calidad.

7. Sustituir un acorde menor 7b5 por un acorde mayor 7b5 un b5 por encima. Por ejemplo, Cmaj7b5 en lugar de F#m11b5 (funciona sobre la base de notas comunes).

8. Sustituir un maj7#5 por su relativo menor y utilizarlo como acorde I. Por ejemplo, Cmaj7#5 sustituye a Am9 en un ii V i menor (Bm7b5 - E7b9 - Cmaj7#5).

9. Emparejar acordes mayores 7#5 con acordes menores relativos en un contexto modal. Por ejemplo, utilizar voicings de Fmaj7#5 junto o en lugar de voicings de Dm11 en temas como *So What* e *Impressions*.

10. Sustituye un acorde menor b6 iii por su acorde Imaj7. Por ejemplo, toca Cmb6 en lugar de Abmaj7 (C menor es el acorde iii en la tonalidad de Ab Mayor). Esta idea también funciona a base de las notas compartidas.

Aprovecharemos estas ideas mientras trabajamos en el tema.

Los cambios de acordes básicos

Someday My Prince Will Come fue escrito por Frank Churchill y Larry Morey y se remonta a 1937. Originalmente escrito para la película de Disney *Blancanieves,* se convirtió en un estándar de jazz con versiones icónicas grabadas por Dave Brubeck, Mile Davis, Bill Evans, Herbie Hancock, Oscar Peterson y Keith Jarrett. Está en la tonalidad de Bb mayor y a continuación están los cambios de acordes que se tocan comúnmente y que encontrarás en el *Real Book*.

| Bbmaj7 | D7#5 | Ebmaj7 | G7b9 |

| Cm7 | G7b9 | Cm7 | F7 |

| Dm7 | C#º7 | Cm7 | F7 |

| Dm7 | C#º7 | Cm7 | F7 |

| Bbmaj7 | D7#5 | Ebmaj7 | G7b9 |

| Cm7 | G7b9 | Cm7 | F7 |

| Fm7 | Bb7 | Ebmaj7 | Eº7 |

| Bbmaj7 | G7 | Cm7 | F7 |

Veamos los cuatro primeros compases. Esta es una forma típica de tocarlos utilizando formas de acordes comunes.

Ejemplo 6a

116

¿Cómo podemos desarrollar ideas más interesantes en torno a estos cambios básicos? Voy a sugerir dos estrategias creativas para que las lleves a cabo durante tus tiempos de práctica.

Enfoque de conducción de voces

Una buena manera de empezar a mejorar una progresión es elegir un acorde moderno que te guste, y luego buscar voicings para los acordes siguientes que lo complementen. Literalmente, elige un acorde y luego piensa: *"Bien, ¿a dónde voy después?* Piensa en lo que podría ser un movimiento interesante o desafiante a continuación.

En este método, las elecciones que realizas se guían por la conducción de voces *(voice leading)*. En otras palabras, puedes cambiar una o dos notas en un voicing para formar el siguiente acorde. Esto suele funcionar bien y da una sensación de continuidad a un arreglo. O bien, puedes ver una línea melódica simple o una línea cromática que podría moverse a través de los cambios y construir voicings alrededor de ella.

A menudo, al componer un arreglo, busco una línea melódica sencilla en la cuerda de B o E aguda, o una posible ruta cromática ascendente/descendente a través de los cambios. Una vez que tengo una frase sencilla, busco voicings de acordes que se ajusten a ella, conservando la esencia de la armonía.

Por ejemplo, aquí tenemos una versión más moderna de los compases 1-4. La idea simple que se utiliza aquí es descender tres notas cromáticamente en la cuerda E aguda, comenzando con una nota A en el quinto traste. En el compás cuatro, nos alejamos de esta idea y empezamos a movernos en una nueva dirección.

Ejemplo 6b

Esta es una versión más compleja de los primeros compases. Para crear este arreglo, compuse una melodía sencilla (esbozada en los compases 1-4), y luego construí voicings alrededor de la línea, manteniendo las notas de la melodía en la parte superior. El resultado son los compases 5-8.

Ejemplo 6c

He aquí un desglose de las ideas que he utilizado para llegar a esta armonización.

En el compás cinco (que tiene un Bbmaj7 estático en los cambios originales) utilicé otros acordes de la tonalidad de Eb Mayor - C menor (el acorde ii) y Eb mayor (el acorde IV). Sin embargo, cambié la calidad del acorde IV de mayor a dominante, ya que esto proporcionó una transición más suave hacia el acorde D7#9 en el compás seis y sonó bien para mis oídos.

En el compás siete, encontré tres variaciones de acordes de Eb mayor que sonaban ricos y complejos, y tenían la nota melódica en la cuerda de E agudo. En el último compás, para acomodar la nota melódica, utilicé el punto 6 de los consejos de arreglo anteriores, y me acerqué al acorde de G dominante desde un semitono más arriba.

El ejemplo 6d es un ejemplo cromático más ambicioso. Aquí me propuse un reto: empezar en la posición uno con un acorde estándar de Bbmaj7 y ver hasta dónde podía ascender por el mástil con notas cromáticas en la cuerda E aguda, todo ello conservando la armonía (lo sé, soy un masoca, ¿verdad?) Conseguí llegar al traste 15 antes de decidir que era el momento de descender.

Ejemplo 6d

Enfoque de frases de acordes

Una alternativa al enfoque de la conducción de voces es utilizar lo que yo llamo frases de acordes *(chord phrases approach)*. En este enfoque, nos preocupamos menos por las líneas melódicas/cromáticas que se mueven a través de los cambios y, en su lugar, utilizamos los acordes para crear expresiones musicales tipo *riff*. Utilizando formas de acordes completas, o fragmentos de acordes, podemos crear pasajes de acordes que esbocen la armonía y transiciones suaves de acorde a acorde, pegando la armonía. También podemos utilizar múltiples voicings de acordes para aprovechar mejor el rango del mástil.

Los mapas del diapasón de acordes que hemos estado utilizando son una poderosa herramienta para ayudar a desarrollar este estilo de arreglo de acordes de guitarra de jazz. Utilizando un mapa, es mucho más fácil visualizar cómo se distribuyen los acordes en el diapasón y cómo se pueden utilizar los patrones que contienen para crear frases de acordes. Vamos a trabajar con un par de ejemplos para ver cómo funciona este concepto en la práctica.

Aquí hay una progresión de ii V I en Bb mayor con voicings simples.

Ejemplo 6e

Convirtamos esto en un acompañamiento más interesante creando una frase de acordes.

Ejemplo 6f

¿Cómo hemos pasado del ejemplo 6e al 6f? Déjame que te lo explique.

El primer compás utiliza un simple acorde de Cm7, pero el movimiento se crea rompiendo el acorde en fragmentos más pequeños que se construyen hacia el acorde completo. Para tocar este pasaje, coloca el dedo índice en el tercer traste y mantenlo ahí durante todo el tiempo. Pasa al Ebmaj7#11 en el tiempo 2 y luego añade las notas de la cuerda E aguda para completar las formas en los tiempos 3 y 4.

En la versión original, el compás dos contenía sólo un acorde F9, y en la nueva versión hay cuatro voicings de acordes para sustituirlo. En lugar de limitarse a tocar el acorde V, hay dos movimientos ii V (de C menor a F dominante). En primer lugar, la forma Cm9 sólo necesita una nota bajada un semitono para crear un sonido F13. A continuación, el Ebmaj7#11 es un sustituto de Cm9 (véase el punto 5 de los consejos de arreglo), que se mueve a un F7b9.

En los compases 3-4, cuatro voicings complementarios trabajan juntos para reemplazar el estático acorde de Bb mayor y darle algo de movimiento, comenzando con el inesperado Bbmaj13#11.

Veamos una forma alternativa de aderezar esta secuencia.

Ejemplo 6g

Vamos a desglosar esta versión. Esta vez la idea es más sencilla rítmicamente y utiliza voicings que suenan más oscuros.

Los acordes m13 y m11 sustituyen al C menor convencional del primer compás.

El segundo compás utiliza uno de los movimientos favoritos de Kurt Rosenwinkel (véase el punto 4 de los consejos sobre arreglos), en el que Ebmaj7#11 sustituye a F7 (es decir, un maj7#11 un tono por debajo de la nota fundamental de un acorde de dominante). Subiendo un semitono las dos notas superiores de este voicing, el Ebmaj7#11 se convierte en F7#9.

Los compases 3-4 utilizan fragmentos de acordes Bbmaj7 para crear una frase de pregunta y respuesta para completar la progresión.

El ejemplo 6h toma el ejemplo anterior y hace algunos ajustes en los voicings. En el compás dos, el acorde de dominante se toca como un 7b9. En el tercer compás tenemos la idea de sustituir un acorde Imaj7 por el acorde iii de la misma tonalidad (véase el punto 10 de los consejos sobre arreglos), es decir, D menor en lugar de Bb mayor. En este caso, he utilizado un voicing inusual de Dm11b9 para sustituir a Bbmaj7.

En el último compás, para tocar esta versión de Bbmaj7#11, mantén las dos notas del quinto traste con el dedo índice. Las notas del séptimo traste se tocan con los dedos meñique (en la cuerda de G) y anular (en la cuerda de D), lo que deja libre el dedo corazón para tocar la nota de bajo en la cuerda de E grave, sexto traste.

Ejemplo 6h

Esperamos que empieces a ver cómo es posible crear pasajes de acordes sofisticados a partir de una información armónica básica utilizando las herramientas de este libro. Practica la secuencia ii V I anterior durante un rato y trata de escribir tres o cuatro frases de acordes propias, refiriéndote a los diferentes voicings que hemos cubierto.

Ahora apliquemos esta idea a *Someday My Prince Will Come* con un par de ejemplos más. Aquí hay dos enfoques de frases de acordes para los primeros compases de la melodía, utilizando los principios anteriores.

Ejemplo 6i

B♭maj13   B♭maj13   D7♭9♭13   E♭maj7   E♭sus2(♭13)   G7♭9   Gaug

```
T--5-----------8-------6-------5---------3--------5-------6----------------8-------
A--6-----------8-------4---------------------3------------6----------9--------9-----
B--5-----------7-------------------------------8-------8------------10-------9-----
  -5-----------7-------4-------------------1--------------9----------9--------9-----
  -5-----------------5------------------------------------------------------------
  -6------------------------------------------------------------------10------10----
```

Ejemplo 6j

B♭maj7   D7♯5♭9   E♭maj9   E♭maj7   E♭maj7♯11   G7♭13   G7♯9

```
T-----5----10------11------8---------------3------3--------3-------6-----
A--6--6----10------11------7------7---6----3------3--------4-------6-----
B--7--7----10------11------7------7---7----3------2--------4-------4-----
  -7--------8------10------8------8---5----5------1--------3-------5-----
  -------------------------------------6----6--------------3-------------
  ----------------------------------------------------------3-----------
```

Pieza de actuación

Por último, he aquí un arreglo de la melodía completa. Ésta es sólo una forma de tocar los cambios de *Someday My Prince Will Come* y utiliza una selección de las diferentes combinaciones de acordes e ideas de arreglos que hemos visto, pero las posibilidades son infinitas. Tócalo despacio para que todos los acordes estén bajo tus dedos, y luego trabaja con un metrónomo, aumentando gradualmente la velocidad para llevarlo a un ritmo de interpretación. La pista de audio se grabó a 105bpm.

Ejemplo 6k

B♭maj7 Am11 D7♯5 Cm6 E♭maj7♯11 E♭maj9 G7♯5 G9
Cm6/9 Fmaj7♯11 Cm11♭9 E♭maj13♯11
Fm9(13) F6sus2 F7sus4 Fm11 B♭13♭9 E♭6/9 E♭m9♭6
Dm11 Dm11 Bmaj7♯11 G7♭9 Cm13 F7♭9

Bbmaj7 fragments

Bbmaj13

Análisis del arreglo

Para terminar este capítulo, veamos algunas de las opciones armónicas e ideas de arreglos que se utilizaron en esta pieza.

Compases 1-4

El acorde de apertura es un maj7b5 que suena "fuera", pero esta tensión se resuelve rápidamente con un Bbmaj9 que suena "dentro". El segundo compás utiliza fragmentos de D7#5. Si ves el acorde maj7#5 en forma de mapa del diapasón, notarás que contiene las formas aumentadas que se repiten aquí.

Compases 5-8

Esta sección adopta un enfoque basado en la melodía. En los compases 5-6, las notas de la escala de Bb Mayor descienden para crear una línea melódica sencilla y los voicings de los acordes se eligieron en consecuencia, con la melodía en la parte superior. El octavo compás utiliza un voicing disonante de F dominante para romper el patrón y señalar una nueva idea. La nota de G en la parte superior del voicing quiere resolver fuertemente a la nota de F en la escala de Bb mayor.

Compases 9-12

En el compás once, el acorde Ebmaj7#11 es una sustitución (los cambios originales tienen un C menor). Este acorde es anticipado por el Emaj7#11 - un acorde de aproximación cromática desde un semitono más arriba. En el compás doce, esta forma de acorde podría interpretarse como B7b5, pero las notas son idénticas a un F7#11 sin nota fundamental.

Compases 13-16

El compás catorce pone de manifiesto lo crucial que es *el contexto* para determinar el sonido de un acorde. Puede que reconozcas el acorde como un Emaj7#11, pero los cambios originales tienen un C#°7 o Dbm7. Con el bajista aportando la nota Db baja, este voicing se convierte en Dbm6/9.

En los compases 15-16, cinco de los seis voicings de acordes surgen de la armonización de la escala dórica de C en cuartas. Esta es una idea que los músicos de jazz modal suelen utilizar en los *vamps* estáticos para abrir sus opciones armónicas. En el jazz modal, cada acorde tiende a considerarse como un *centro tonal* en sí mismo. Durante la duración del acorde, ese sonido se convierte en el principal punto de atención y la tonalidad general de la melodía es menos importante. Así, en estos compases nos concentramos brevemente en C menor como centro tonal.

Las notas de la escala dórica de C son: C D Eb F G A Bb

Si armonizamos la escala en cuartas en lugar de terceras, comenzando en C, obtenemos un acorde de cuatro notas con las notas C, F, Bb y Eb para deletrear Cm11. Pasando a la nota D, obtenemos D G C F, que se deletrea Dm11. Si se construye un acorde a partir de la nota Eb, se obtiene Ebmaj7#11 (Eb, A, D, G) y así sucesivamente.

El Am7b5 en el tiempo final del compás dieciséis se desvía de este patrón y vuelve a la tonalidad de Bb Mayor (Am7b5 es el acorde vii en Bb Mayor).

Compases 17-20

La idea detrás de estos compases era comenzar alto y utilizar todo el rango del mástil para descender. Las notas de la melodía en la cuerda de B dictan las opciones de voicings de los acordes. Para acomodar la nota melódica en el tiempo 2 del compás uno, se añadió el acorde ii de la dominante de D (Am - D7).

Compases 21-24

Después de varios compases con muchos cambios de acordes, era necesario un breve cambio de ritmo, así que aquí sólo hay un acorde por compás. En el compás veintidós, Fmaj7#11 es un sustituto de G7, utilizando la regla maj7#11 un semitono por debajo de la nota fundamental de un acorde de dominante. Para ayudar a entender por qué esto funciona, si se añade una nota de bajo G a la forma Fmaj7#11, se crea un sonido de dominante 13b9. La misma idea se utiliza en el compás veinticuatro.

Compases 25-28

En esta sección, los cambios originales son Fm7 - Bb7 - Ebmaj7 - E°7. El compás veinticinco utiliza voicings en cuartas para crear una frase de acordes. Los acordes en cuartas suenan bastante ambiguos y deben ser determinados por el contexto. En este caso, los nombres de los acordes indican el sonido que crean estos acordes sobre una nota de F. En el compás veintiocho, en lugar de pasar a un acorde de E°7, tenemos un acorde de Eb menor. El Mib9b6 captura la armonía de la melodía y tiene sentido ya que resolverá un semitono hacia abajo a un acorde de D menor en el siguiente compás.

Compases 29-32

En el compás veintinueve, el acorde Dm11 se sustituye por Bbmaj7 (acorde iii por el acorde I). Los demás acordes son variaciones bastante estándar.

Compases 33-38

Para terminar el arreglo, tenemos una expresión melódica basada en un acorde Bbmaj7 como una especie de *vamp*. Esta idea surge de visualizar el Bbmaj7 por todo el diapasón y elegir grupos de notas para hacer sonar el Bbmaj7. Ilustra el poderoso potencial de los mapas del diapasón para crear patrones de acompañamiento significativos y expresar la armonía a través de unas pocas notas.

Espero que hayas disfrutado aprendiendo este arreglo y que te haya inspirado para refrescar algunos de tus estándares de jazz favoritos. ¡Sigue practicando y sigue explorando!